张敏华 著

特级教师

谈小学语文教学之道
——统编本教材教学方略（第一学段）

宁波出版社
NINGBO PUBLISHING HOUSE

图书在版编目（CIP）数据

谈小学语文教学之道．统编本教材教学方略．第一学段 / 张敏华著．—宁波：宁波出版社，2018.8（2019.11 重印）
ISBN 978-7-5526-3272-9

Ⅰ．①谈… Ⅱ．①张… Ⅲ．①小学语文课－教学法 Ⅳ．① G623.202

中国版本图书馆 CIP 数据核字（2018）第 168155 号

谈小学语文教学之道：
统编本教材教学方略（第一学段）　　　　张敏华　著

出版发行	宁波出版社
地址邮编	宁波市甬江大道 1 号宁波书城 8 号楼 6 楼　315040
网　　址	http://www.nbcbs.com
策划编辑	王晓君
责任编辑	俞　琦　孙秀秀
责任校对	俞静娴
封面设计	原色太阳
内文设计	金字斋
印　　刷	宁波白云印刷有限公司
开　　本	710 毫米 ×1000 毫米　1/16
印　　张	16.25
字　　数	225 千
版　　次	2018 年 8 月第 1 版
印　　次	2018 年 8 月第 1 次　2019 年 11 月第 2 次印刷
标准书号	ISBN 978-7-5526-3272-9
定　　价	46.00 元

本书若有倒装缺页影响阅读，请与承印厂联系调换，联系电话 0574-83875165

在这里,读春风十里

太喜欢敏华。你迟早也会。真的。

起初是因为人,继而关注到课。也许你认为应该倒转,但我真是由此序列开始。直至这本《谈小学语文教学之道——统编本教材教学方略(第一学段)》出版,敏华才给了我与迷恋她课堂的同伴,一个私享的机会——不断阅读。我们喜欢她儒雅的气质,喜欢她富有学理的文字,喜欢她灵动的课堂。如同多次坐观敏华的教学现场一般——越是读,欢喜心越是滋长。

读她的书,读她的课,对敏华的欣赏,因了解而泛滥。

作为语文教学名家,她带给我们独具魅力的教学审美冲击,指引我们重新认识低段语文教学,唤醒我们对孩童的敬畏,对母语教学课堂的全新定位。敏华给我们的,不仅仅是她与人融合的语文教学理性,与生融合的语文课堂理趣,与生活融合的语文教育理念。这些,都值得我们在阅读中一次次重温。

因人而起,由人入课,由课及文,由文回人。这一无法解释的逻辑,就是敏华的魅力所在,是阅读一个独具个性的"人"的应然之序。读她的书,也是读她的人。以至于,几次提起笔,想要为这本书写些什么,发觉心中有洋洋洒洒万千话语,但转为文字时只剩下这寥寥无几的千把字。人,足够丰富,课足够精彩,文足够理性,还需要什么呢?是的,真正需要的,仅是每一个读者在书中的亲历——读,然后发现。

此书中，敏华带我们发现了语文教学的意韵之美、理性之光。她让轻慢第一学段教学的人明白：原来，母语课程化教学的起点，不是我们想象中的那样"无理取闹"，第一学段语文教学更要讲理。孩童进入学校，在课程系统中学习母语，这与其在家中接受父母的母语汲养是能交融的，但也有差别。教材教学，更注重类别、系统、层级，更要懂"理"，讲"理"。我想，这就是敏华要通过全书传递给我们的重要信息。你能在这本书中读到敏华和你讲的儿童心理、教育原理、教学道理。这一切的背后，是支撑说理的深厚学养。她说："此书出版，不为名利，只是重温初心。"是啊，我在文中读到了美玉未磨时的质朴，读到了直面问题的纯粹。初心，带我们回到对久违了的第一学段语文教学真问题的思考与关注。

想想看，当初，我们不浮躁的时候，不都是这样的吗？

书，留给大家自己读，我还是多说人。书，是人写的。

初见敏华是在浙江课场。我惊诧于她能在数千人观摩的低段教学现场不露丝毫慌乱。现代工艺剪裁的改良旗袍，让敏华以一个语文教师应有的形象出场；与之相匹配的，毫丝精致的头发，更显出教师在课堂现场时的庄重大方；一开口，更惊诧于她的呼吸谈吐，无一不与她所执教的课、所热爱的语文纹丝合缝，仿如天衣。中国哲学中人人心中都存有的境界，被她的课演绎出来，在她与孩童的相处的时空中呈现出来——一切都刚刚好。敏华的课，具有强大的磁场。

那一次，她上的是《姓氏歌》。一开口，就有教学意味，就带着童年文化：小朋友，我们第一次见面，我先介绍自己。我姓张，我爸爸姓张，爷爷姓张，太爷爷也姓张，我叫张敏华。一句话，让小孩记住了她，记住了老师的姓氏，因为她的话就是清新的风，入耳入心，明晰顺畅。句中最后落脚的"华"，与前面连续几个"张"，构成了孩童难忘的歌谣韵律。一句开场白就带孩子进入了语文的家。此案在《谈小学语文教学之道》中有实录，大家可以借助文字感受现场。当下，我惯常的浑浑噩噩的眼、混混沌沌的心，犹如被豁然划开一般，瞬见天光，我看到那在师父于永正等老一辈教育家的课堂中才有的雅趣、精妙之美。

那一课，那一刻，是我近来在语文界域中所看到的最美。

后来，多次向敏华学习。我惊诧于她总能在让众多人慌乱的低段课堂中庄重自信，完成教学举重若轻。她将识字、写字、阅读等教学难点化为无形，与孩童相伴相行，在课堂上演绎出一种让人久久回想的淡雅气韵；我还惊诧于她能够既保持优雅的身姿，又能够亲切自然，与刚刚入学的孩童无缝对接，平等相处，以至于"她问小孩答""小孩说她回应"，一切生发于自然。低段课堂中常见的热闹的师生互动，也被敏华的气场调控为让人心生羡艳的和谐之美；我还惊诧于敏华的课堂实效，孩童沉醉其间，学有所得，成长显而易见。连同我，也跟着在她的课堂上有收益。

所幸，敏华把如何做到这一切的秘密写在这本《谈小学语文教学之道》中。书中关注了低段教学中的识字、写字；重点展示了名师独特的低段起步阅读教学策略；还探索了低段教学的热点难点——口语交际、写话教学。实践，实践，再实践，连同思考，思考，不断思考，敏华将海量信息汇聚在这本书中。

所以，去读吧，这里有春风十里。读她的书，读她的人，读她的课，读低段语文。读了，你就明白，正因为有缜密的心思、严密的设计、周密的思考，才造就了人如其课、课如其人、人课合一的境界。敏华自己很少说，因为不需多说，无须为自己树立什么流派，或者立哪些主张。"张敏华"三个字，已然成为低段语文教学的一种象征、一个符号、一种代表。

倘若你喜欢低段教学，或者说试图了解低段教学，你要阅读这本《谈小学语文教学之道》。敏华慢慢带着你，分门别类，逐一解读。你将看到低段教学中各个类型的教学目标、教材解析；你能了解各个类型的教材编撰特点，获取各个类型的教学策略；你将获取源自课堂的精彩片段，还能完整链接课堂教学现场；你会在详细记录实情的文字中，感受敏华和团队伙伴们的实践智慧。你,能与美丽的思想相接。我在阅读时也找到了答案——为了课堂的自然、自如、自信,敏华用了近二十年孜孜以求,她用生命拥抱语文。所以,语文回报给敏华一个更为温润的生命。

教学研究人员对自己所研究与执教的学科,应当如此。这就是敏华说的"初心",也是她一以贯之的"恒心"。

原本到这,就应该止笔。但不得不借此次机会,表示感恩。

我去浙江宁波学习,敏华获悉后,专程邀请我同游天一阁。她说:知道你爱看书,这里不得不去。是的,没有到天一阁朝圣,算不得爱书。入阁行走,敏华一路讲解,做我的导游。看得出,她来过多次。我知道她的教研工作有多忙碌,但却花这么多时间邀我同游;我知道案牍之累有多摧残人,她依然容华优雅……游览了天一阁,我又明白敏华魅力背后的支撑力:与人为善,与书为伴。

此文,向敏华致敬。

福州教育研究院　何捷

低年级语文教学要讲"理"

有人说小学语文是终身语文,以此来说明小学语文的重要性,而小学低年级语文是终身语文的启蒙,是语文学习最关键的时期,"蒙以养正,圣功也"。如周一贯先生所说,"教好低年级儿童语文,是功德无量的事"。然而,从当前的教学研究现状看,低年级语文教学研究却处于一个"洼地",当前专注于研究小学语文低年级教学的专家、名师少之又少,各级各类教学展示活动中能看到优秀的低年级课堂教学的机会越来越难得。也许很多人以为小学低年级语文过于浅显而不屑于去钻研,这实在是种误解。众所周知,斯霞、霍懋征、李吉林等这些在小学语文教育历史上做出巨大贡献的大师们正是从研究小学语文低年级教学中成长起来的。还有些老师以为教低年级语文只要会唱会跳、嗲声嗲气,就是好老师,这更是一种"山近月远觉月小,便道此山大于月"的肤浅认识。实际上,对低年级语文教学研究愈深入,愈会发现其内涵深邃、魅力无穷。

一堂优质的低年级语文课,一定是基于科学的教育心理学理论,以深厚的语文专业知识背景为依托的,这样才能让儿童既学得轻松愉悦,又能在语言和思维的发展上有所收获。我认为小学低年级语文教学要讲究"趣",更要讲究"理"。"理"即客观事物本身的次序,讲究"理",也就是要遵循客观规律。教学也一样,只有遵循了"理",才能取得事半功倍的效果,不讲"理",教学就失去了根基,教学的效率注定是低下的,甚至会事与愿违,影响学生今后的学习和发展。

一、讲"心理"

美国当代著名教育家爱丽诺·达科沃斯明确指出,教学即儿童研究,不仅儿童研究是教学的基础和前提,而且教学本身就是一种儿童研究,教学过程就是儿童研究过程。然而,在与诸多年轻教师接触时,我发现很多老师在准备一堂课的时候,更多考虑的是"我要教什么""我该怎么教",很少考虑"学生想学什么""学生想怎么学",对教材和教法研究得多,却很少考虑学生的情况。在教研工作中,我指导过很多课。与执教者反复地琢磨同一堂课,从一次次失败到成功的过程中,我深切地感受到这种磨课的过程,实际上是教师一步步贴近儿童的过程,当教学的设计和学生的心理特点真正吻合时,课堂教学才呈现出和谐之美。因而,要想取得教学的成功,一定要通晓儿童的心理发展规律,顺应规律展开教学。朱作仁先生就曾经说过"心理学之于语文教师,犹如病理学之于医生"。语文教师如果不懂得心理学,就难以有效地开展教学。

1. 循"理"定目标

统编教材二年级下册《雷雨》一课,关于雷雨后的描写有这样一段话:"雨停了。太阳出来了。一条彩虹挂在天空。蝉叫了。蜘蛛又坐在网上。池塘里水满了,青蛙也叫起来了。"A教师是这样展开教学的——教师问学生:雷雨过后,你看到什么景色?根据学生的回答,教师将句子相继错乱贴在黑板上。接着教师请学生按照课文中描写的顺序将句子重新排列,并问学生:为什么作者要按照这样的顺序写?先后就有两位学生回答:因为课文就是这样写的。

透过这一教学现象,我们要思考学生为什么会有这样的反应。如果了解儿童心理,就会明白以上案例中学生之所以会有这样的反馈,是因为课文的描写顺序涉及逻辑思维,而从发展心理学来说,一二年级的学生正处于以直观形象思维为主的阶段，到了三年级，才逐渐向抽象逻辑思维过渡。二年级以了解描写顺序作为教学目标，显然高出低年级学生的认知水平。

《义务教育语文课程标准》制订的年段目标，是严格根据学生不同阶段的认知发展规律提出的。教师要知其然并知其所以然，才能自觉遵照执行，才不会擅自拔高或降低要求，教学中目标越位或不到位的现象才会减少。比如，第一学段的阅读教学中要求从二年级上册开始"学习默读"。在这之前，一年级儿童都是出声读书，并且还会有学生指着一个个字读课文。这是因为初入学儿童的内部言语发展较差，他们的思维是形之于外，是以出声的言语作为自己的思维外壳的。假如在初入学时就要求学生不指读，不出声读，那是不可能的。所以过早训练默读，徒劳无功。

2. 循"理"择教法

小学阶段，儿童思维从以具体形象思维为主要形式逐步过渡到以抽象逻辑思维为主要形式，这个过程不是简单能够实现的，需要教师关注并有效引导。

如，儿童的字词概念发展经历了从直观特征到具体形象特征，再到初步揭示字词概念的一般特征，并接近本质的特征，最后向揭示本质特征，对字词概念下较为完善定义的方向发展。低年级儿童对于字词的概念理解大多处于从直观特征到具体形象特征阶段，因而对于第一学段的词语教学，《义务教育语文课程标准》的要求是"结合上下文和生活实际了解课文中词句的意思"，第二学段则是"能联系上下文，理解词句的意思"。从"了解"到"理解"，看似只有一字之差，其内在本质却是遵循儿童当前的心理发展规律，调整教学目标。在教学方法上必然要求有所不同，如低年级的词语教学切忌以词解词，可以借助形象，如动作演绎、图片对照、联系生活，将词语读成一系列直观的动作，或者一幅具象的画面。

鉴于低年级儿童的思维特点，我们在教学中应尽可能地将字词教学、阅读活动置于形象生动、富有情趣的活动中，在情境对话、游戏活动中有效地开展语文学习活动,将科学与艺术相结合,将"理"和"趣"相结合,因为只有教师了解儿童,顺应儿童的天性施教,才能达到儿童乐学、学而有效的极佳教学境界。

二、讲"文理"

当下有一种误区,以为低年级语文教师不需要太多的语文知识储备和语文修养,以致有的学校会把一些语文知识修养不够的老师安排在低年级教学,这实在是对低年级语文教学的亵渎。低年级语文教师必须具备扎实的语文知识背景,才能做到教学准确无误,有章有法;必须具备扎实的文学知识背景,才能做到准确解读文本;必须具备扎实的语文素养,才能对低龄儿童产生深远的影响。具体而言,要教好低年级语文,教师需具备以下知识,并遵循其知识原理开展教学:

1. 文字学知识

汉字教学是低年级教学的重要内容,语文教师应了解汉字的起源、发展与体系等,熟悉汉字的笔画、笔顺、结构以及汉字形、音、义的关系。有了这些知识背景,教师才能在教学时遵循汉字的构造规律,实施科学识字。

我曾经在某个规模很大的教学展示活动上,听到有位教师在课堂上对学生说:只要能记住字,不管什么方法,都是好方法!这种说法显然有些不讲"理"。因为汉字有造字规律,只有掌握科学的造字规律,才能帮助学生真正学会汉字。

汉字的学习,难在学生不能将字形与字义形成联结。如果教师本身具备文字学方面的知识,帮助学生实现了形和义的联系,这样的生字识记一定是牢固的。

2. 语音学知识

语文教师必须具备现代汉语的系统知识,才能遵循语言学的知识原理正确地指导教学,并促进学生良好语文素养的养成。

如朗读指导是低年级语文教学的重点,教师只有懂得汉语的声、韵、调,才能正确地指导学生朗读。如朱光潜先生说:"读有读的道理,就是从字句抓住声音节奏,从声音节奏中抓住作者的情趣'气势'或'神韵'。"

教师具备朗读的知识背景,就知道朗读包括节律朗读和情韵朗读,低年级以节律朗读为主,它是情韵朗读的基础,也是言语认知向深层发展的基础。在朗读教学中,教师要指导学生根据停延规律将较长的语句读出停延层次,使句子结构清晰。如读"细长的葫芦藤上/长满了绿叶,开出了/几朵雪白的小花",加上了合适的停延,句子成分就清楚了。这样的训练多了,对学生形成完整的句子概念,正确、有条理地表达有较大的帮助。

同样,教师具备一定的语音修辞知识,才能正确指导学生在朗读中处理好变调、变音,指导学生朗读时遵循节律规则,培养学生语感;懂得一定的词汇学,才能顺利地开展词语教学,使词语教学有深度、有厚度。

3. 文学史知识

小学低年级语文教材涉及诗歌、散文、小说、议论文、童话等各种体裁,不同的体裁在教学内容的确定、教学方法的选择上都有所不同,如童话文体教学就要营造童话的意境,在童话世界中体会角色的心情,感受美好的情感;儿童诗的教学就要引导学生感受节奏美、画面美,以及童真童趣的表达……如果教师缺少相关的知识,就可能目中无"文",千"文"一面,不管什么体裁,都是一种教法。有的老师甚至因对教材的体裁判断错误,而造成教学的错误。如在一个大型教学观摩活动上,一位语文教师执教作家郭风写的《枫树上的喜鹊》一文,因为文中有这样的描述"我看见喜鹊阿姨站在窝边,一会儿教喜鹊弟弟唱歌,一会儿教他们做游戏,一会儿教他们学自己发明的拼音字母……"老师就错误地认为文章是童话体裁。而实际上这是一篇散文,作者因为爱这棵枫树,爱树上喜鹊,就联想到喜鹊一家的生活。教师对文本的肤浅解读，甚至误读，从短期看会造成课堂教学内容选择偏离，教学方法不当，影响教学效果，从长远看，甚至会影响学生的一生。

　　除此之外，语文教师要需具备一定的文章学知识。低年级语文教学虽然重点不在学习篇章，但这并不意味着低年级语文教师心中可以没有"文章"。教词语、句子也应该要有文章意识，将词语句子置于文章的语言环境中学习，才能提高词句教学的效果。因此，小学低年级语文教师还要掌握文章本身的构成规律，熟悉文章的主旨、结构、表达、语言等要素，了解它的内部联系，同时要懂得一定的写作学，掌握写作基本理论知识。这样，才能有全局观，才能清楚地知道，为了学生今后的学习，我们在当下应该做些什么，真正做到心中有数，教学有谱。

　　低年级语文教学要讲"理"。这"理"，是深入浅出的，教师心中有深厚的"理"，还要为学生选择合适的学习内容；这"理"，是情趣盎然的，要让学生学得有兴趣，喜欢语文学习；这"理"，是潜移默化的，以教师自身良好的语文修养影响学生，以润物细无声的教学方法滋润学生。

张敏华
2018 年 3 月

目　录

序　言　在这里,读春风十里 …………………………………………… 1
前　言　低年级语文教学要讲"理" …………………………………… 5

第一章　识字写字篇

第一节　识字与写字目标解析 …………………………………… 3
第二节　教材编排特点分析 ……………………………………… 5
第三节　汉字教学策略 …………………………………………… 8
　　　　∞ 课堂现场链接
　　　　《天地人》识字游戏,复习巩固 ………………………… 10
　　　　《青蛙写诗》课间问答游戏,巩固"当"字 ……………… 11
　　　　《妈妈睡了》拼字游戏,巩固生字 ……………………… 11
　　　　∞ 课堂现场链接
　　　　《动物儿歌》教学片段 …………………………………… 15
　　　　《妈妈睡了》教学片段:教学"润"字 …………………… 16
　　　　∞ 课堂现场链接
　　　　《人之初》教学片段 ……………………………………… 21

　　　　　🔗 课堂现场链接

　　　　《棉花姑娘》"燕"字教学 ············· 26

第四节　识字教学 ······························· 28

第一目　前置识字 ······························· 28

　　　　　🔗 课堂现场链接

　　　　《天地人》教学片段 ················· 35

第二目　集中识字 ······························· 37

　　　　　🔗 课堂现场链接

　　　　《小书包》教学片段 ················· 41

　　　　　🔗 课堂现场链接

　　　　《树之歌》教学片段 ················· 45

　　　　　🔗 课堂现场链接

　　　　《姓氏歌》第一课时 ················· 49

　　　　《金木水火土》教学片段 ·········· 60

第五节　写字教学 ······························· 62

第二章　阅读篇

第一节　阅读教学目标解析 ················· 71

第二节　教材编排特点分析 ················· 75

第三节　随文识字 ······························· 80

　　　　　🔗 课堂现场链接

　　　　《咕咚》教学片段 ···················· 84

　　　　　🔗 课堂现场链接

　　　　《纸船和风筝》教学片段 ·········· 86

　　　　　⊂⊃ 课堂现场链接

　　　《树和喜鹊》教学片段 ·· 90

　　　《妈妈睡了》教学片段 ·· 91

第四节　词语教学 ··· 93

　　　　　⊂⊃ 课堂现场链接

　　　"字、词、句"教学片段 ·· 94

　　　　　⊂⊃ 课堂现场链接

　　　《玲玲的画》教学片段 ··· 103

　　　　　⊂⊃ 课堂现场链接

　　　《大禹治水》教学片段 ··· 108

　　　　　⊂⊃ 课堂现场链接

　　　《寒号鸟》教学片段 ·· 111

第五节　句子教学 ·· 116

　　　　　⊂⊃ 课堂现场链接

　　　《青蛙写诗》教学片段 ··· 120

　　　　　⊂⊃ 课堂现场链接

　　　《葡萄沟》教学片段 ·· 132

第六节　朗读教学 ·· 135

第七节　阅读能力 ·· 149

　　　　　⊂⊃ 课堂现场链接

　　　《动物王国开大会》第二课时教学片段 ······················ 155

　　　《寒号鸟》教学片段 ·· 157

　　　《一封信》教学片段 ·· 160

　　　　　⊂⊃ 课堂现场链接

　　　《曹冲称象》第二课时教学片段 ································ 165

第八节 课外阅读	167
第一目 和大人一起读	168
⊙ 课堂现场链接	
《拔萝卜》教学片段	175
第二目 快乐读书吧	177
⊙ 课堂现场链接	
《读书真快乐》	185

第三章　表达篇

第一节 口语交际	193
第一目 教材编排特点分析	193
第二目 教学策略	199
⊙ 课堂现场链接	
《用多大的声音》	204
《商　量》	208
第二节 写话	211
第一目 教材编排特点分析	212
第二目 教学策略	220
⊙ 课堂现场链接	
《我的好朋友》	225
《学写故事》	228

附　录　享受幸福的教学人生	236
后　记	242

第一章

识字写字篇

第一节 识字与写字目标解析

《义务教育语文课程标准》提出第一学段"识字与写字"的要求是:

1. 喜欢学习汉字,有主动识字、写字的愿望。

2. 认识常用汉字1600个左右,其中800个左右会写。

3. 掌握汉字的基本笔画和常用的偏旁部首,能按笔顺规则用硬笔写字,注意间架结构。初步感受汉字的形体美。

4. 努力养成良好的写字习惯,写字姿势正确,书写规范、端正、整洁。

5. 学会汉语拼音。能读准声母、韵母、声调和整体认读音节。能准确地拼读音节,正确书写声母、韵母和音节。认识大写字母,熟记《汉语拼音字母表》。

6. 学习独立识字。能借助汉语拼音认读汉字,学会用音序检字法和部首检字法查字典。

从以上内容分析,《义务教育语文课程标准》在低年级"识字与写字"的要求上体现了以下几方面的特点:

一、重视培养学生喜爱汉字的情感

汉字是几千年传承下来的中华文化,源远流长,体现了中华民族的智慧。一笔一画,蕴含着中国人独特的思维方式;横平竖直,承载着中华文明厚重的底蕴和价值。培养学生热爱汉字,也就是培养下一代热爱中华传统文化。《义务教育语文课程标准》在第一条要求中就提出"喜欢学习汉字,有主动识字、写字的愿望",在第三条要求中提出"初步感受汉字的形体美"。

鲁迅曾经说过汉字有三美：音美以感耳，形美以感目，意美以感心。只有引导学生，让学生感受到汉字的音、形、意之美，才能让学生真正爱上汉字，喜欢学习汉字，有主动识字的内驱力。

二、强调多认少写

第一学段要求"认识常用汉字1600个左右，其中800个左右会写"，要求认读的字数量远超要求会写的字，原因在于：(1)降低学生学习的难度，考虑到低年级的学生手指的肌肉不够发达，书写对他们来说还有难度，因此书写的汉字数量要求降低，所要求书写的汉字也主要是笔画较为简单的基础字；(2)减少书写的"量"，也是为了保证书写的"质"，一节课写几个字，便可以有充裕的时间写好字，打下扎实的书写基础，也是为今后又好又快地写字奠定基础；(3)多认汉字为儿童阅读扫清障碍，帮助他们尽早进入大量阅读阶段。要求认识的字，能见其形读其音即可，即只要在课文中认识，在其他语言环境中(儿歌、故事或其他句子)也认识就可以，不要求书写。要求会写的字是指会读、会写，懂得字词在语言环境中的意思，会在口头和书面表达中运用。

三、强调打好基础，养成良好习惯

低年级是习惯养成的关键期，良好的习惯养成关系到学生的可持续发展。《义务教育语文课程标准》第三条提出："掌握汉字的基本笔画和常用的偏旁部首，能按笔顺规则用硬笔写字，注意间架结构。"这是关于打好识字与写字基础的要求，掌握好汉字的笔画部首，就能识记生字的字形，掌握了基本笔画、笔顺以及间架结构，才能写好汉字。第四条提出："养成良好的写字习惯，写字姿势正确，书写规范、端正、整洁。"这是关于培养写字良好习惯的要求。第五、六条提出学习汉语拼音与学习用音序检字法和部首检字法查字典，即为学生自主识字打基础，遇到不认识的生字，可以借助汉语拼音、查字典自己解决，实现主动识字的目标。

第二节 教材编排特点分析

一、识写分流,多认少写

统编本教材在识字与写字内容编排上遵循《义务教育语文课程标准》"多认少写"的原则,要求识记的生字并非都要求书写。一、二年级要求认识与书写的字的数量如下:

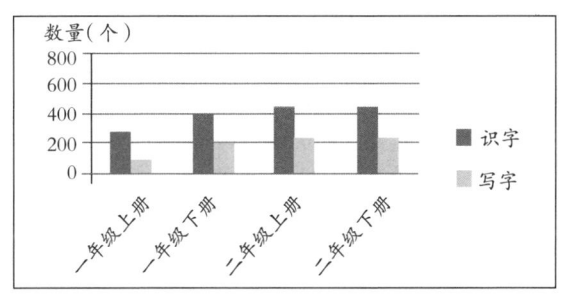

一、二年级识字量与写字量

如上表所示,每一册要求认识的生字的数量大大超过要求会写的字,而随着年级的升高,要求认识的生字和要求书写的生字数量逐步增加,放缓增长的坡度,利于学生学习,体现了幼小衔接与关怀儿童的理念。

二、合理安排识字写字序列

(一)科学选择字种:高频常用字,构词能力强的字优先

教材中要求会认的字,大多是构词能力强的字、日常生活中的常用字,以及阅读中出现频率高的字。这样的编排意在加强识字与生活、阅读之间的联系:在生活和阅读中增加生字复现的机会,巩固生字的识记;而在生活和阅读中运用识记的生字,可以让学生体会到收获学习成果的愉悦。

（二）合理安排字序：写字由简单到复杂，由独体到合体

以一年级上册教材为例，要求会写的字共 100 个，其中 98 个字在《义务教育语文课程标准》所规定的 300 个基础字之列，73 个字为独体字。遵循由易到难、由简到繁、由独体到合体的顺序编排，既遵循儿童学习语文的规律，又为学生将来学习合体字和笔画、部件更复杂的汉字奠定基础。

三、集中识字与分散识字相结合

要求会认的生字，按照集中与分散相结合的方式编排，集中识字安排在识字单元和《语文园地》的"识字加油站"专栏中，分散识字大多安排在课文单元，其中一年级上册还有部分识字安排在"汉语拼音"板块。

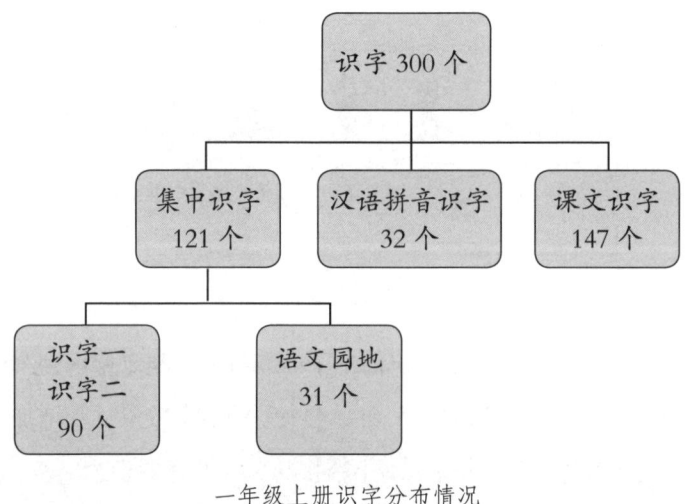

一年级上册识字分布情况

四、重视揭示规律，循规而学

统编本教材与人教版教材相比较，有个显著的变化就是更加重视揭示方法和规律，使学生能够遵循规律而学，有助于学生自主学习。主要体现在以下两方面：

《语文园地》中"书写提示"专栏：

揭示书写笔顺的常见规律，如：从上到下、从左到右、先外后内再封口；

点在正上方或左上方,先写点;点在右上方,后写点;左上包围和右上包围的字先外后内。揭示间架结构的特点,如:左窄右宽、左右等宽、左长右短、左短右长。

"我的发现"专栏:

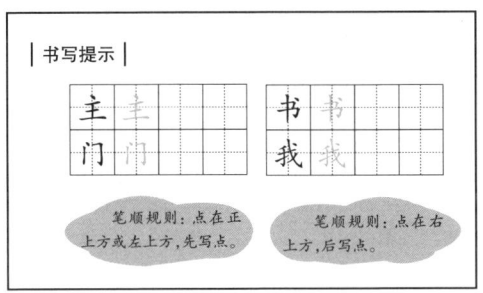

引导学生发现汉字构字规律,如:很多木字旁的字都和树木有关;很多女字旁的字都和女性有关;口字旁的字都和嘴有关……

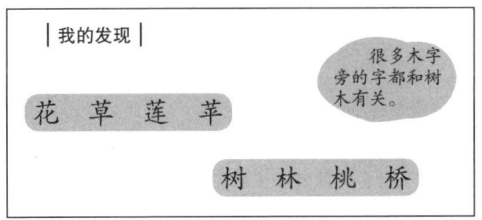

第三节　汉字教学策略

曾经在一次全国性的教学展示活动中，一位低年级语文教师在课堂上为鼓励学生大胆发挥想象力识字，说："不管什么办法，只要能记住生字，那就是好办法！"这样的说法实际上违背了汉字教学的科学性。不得不承认，在教学中，很多教师都有这样的想法。有一次在学校听课，一位老师在教学"狮"字时问学生："谁有好办法记住'狮'字？"一位学生站起来说："老师像狼一样在吼！"教师虽然觉得不妥，但也不知如何引导。实际上，那个学生说的"方法"，不妥当之处不只是他把老师说成"像狼一样在吼"，还在于，他所说的识字方法有失科学："狮"字是形声字，反犬旁是表义构件，表示"狮"是兽类，而"师"则是表音构件，表示的是这个字的读音。显然，那个学生混淆了"表音构件"与"表义构件"。

有些人为了记住一些汉字，采用了以下几种方法：

悲：心里像长了韭菜一样悲哀。

饿：我很饿。俄：我是人。娥：我是女的。

……

这也是犯了形声字表音构件与表义构件相混淆的错误。因为在"悲"字中，"非"是表音构件，不是表义构件。"饿、俄、娥"中"我"是表音构件，不是表义构件。

汉字中形声字占了80%以上。形声字的特点一般是形旁表义，声旁表音。表音与表义构件对形声系统起归纳作用。把两种构件弄混，会导致整个形声系统的规律不能展现,从而造成学生对形声系统的认识混乱。

针对当前汉字教学存在诸多违背科学的乱象,天津师范大学的田本娜教授曾多次撰文呼吁。她曾说过,汉字教学是一门科学,它涉及汉字规律、语言规律,以及儿童的认知规律。对待汉字和汉字教学,必须持科学态度。小学汉字教学必须要遵循规律而行。

一、遵循汉字的构字规律

鲁迅先生曾说过汉字有三美:音美以感耳,形美以感目,意美以感心。汉字是音、形、义三个因素构成的方块图形。掌握汉字就是要建立起音、形、义三者之间的联系。

语文教育专家朱作仁先生研究发现,小学生产生错别字的原因,主要是汉字的音、形、义之间的连接发生断裂。如"歌",很多学生会将右边的欠字旁写成反文旁,原因是学生对"欠"的字源不了解。"欠"的古文字体为:㝅,像一个人张大嘴巴,气从口出,"欠"是"歌"的义旁。《说文解字》中注释"歌":"咏也。从欠,哥声。"而反文旁的古字是这样的:攵,像一只手握枝条。若学生将"歌"的字形与字义联系起来记忆,就不会将欠字旁与反文旁搞混了。

那么在教学中如何帮助学生建立汉字音、形、义之间的联系呢?

(一)见形读音——建立形、音之间的联系

与表音文字不同(如英语,看到字母就能拼读出单词读音),汉字是表意文字,形、音脱节,看到字形不能直接读出音,所以对于学生而言,见形读音是个难点。教学中,可以采用以下策略,解决"见形知音"的问题:

1. 反复认读,强化字形与字音之间的联系

在教学过程中,教师要创造各种机会,让学生与生字接触,可采用"出示生字、读出字音"的方式,帮助学生建立起生字形与音之间的联系。如:(1)初读课文,圈出文中生字,读一读;(2)阅读过程中,借助词句,认读生字;(3)巩固阶段,出示字卡,认读生字。还有的老师采用游戏活动的方式帮助学生

建立形、音之间的联系,效果非常突出。

《天地人》识字游戏,复习巩固

1."找朋友"游戏互动。

(教师把生字卡片随机发放给学生,播放音乐《找朋友》)

师:"天"字宝宝在哪里?

生:"天"字宝宝在这里!

(学生跑上来,领读"天",并板贴生字)

2."地、人、你、我、他"五个生字的认读环节同上。

3.组合生字,识记正音。如组成"你我""天地"等。

4.联系生活,激发识字兴趣。

师:这些字宝宝在我们的生活中经常看到。

(出示黑板、杂志、报纸等图片,引导学生认读图片上的生字)

师:黑板上写的生字是——你、我、他(生读)。

师:这是一本杂志,上面写着——天地(生读)。

师:这份报纸的名称叫作"人民日报",里面有我们今天学的生字——人(生读)。

师:在我们以后的学习和生活中,这些字宝宝和词宝宝会一直陪伴着我们。

《青蛙写诗》课间问答游戏,巩固"当"字

1.青蛙写成这首有趣的"小诗",都有谁帮了忙?他们分别帮了什么忙?

相机板贴: 　　小蝌蚪　　　　小逗号

　　　　　　　水泡泡　　　　小句号

　　　　　　　一串水珠　　　省略号

2.原来他们在"小诗"里当了标点符号,请你读读这个字——当。

3.现在老师来问,小朋友答。

师:小蝌蚪小蝌蚪当什么呀?

生:小蝌蚪小蝌蚪当小逗号。

师:水泡泡水泡泡当什么呀?

生:水泡泡水泡泡当小句号。

师:一串水珠当什么呀?

生:一串水珠当省略号。

4.再来读读这个字——当。

《妈妈睡了》拼字游戏,巩固生字

课前,老师将待拼的生字装在信封里,藏在学生的抽屉里。课堂最后巩固阶段:

师:生字宝宝跑出来了,谁还认得它们?

生:哄、先、闭、紧、润、额……

师:生字宝宝还藏在你们抽屉的信封里,请大家拿出来。

师:看,生字宝宝真淘气,跑乱了,现在我们帮助它们重新拼成字。我来说,你来拼。

师：请你把"哄"拼一拼。

（学生边拼"哄"边读：哄、哄、哄。其他字同上）

师：现在请你把字宝宝请回家吧！

师：请你把"先"请回家！

生：我就把"先"请回家。

（学生边读字，边把这个字放进信封里。其他字同上）

2. 借助语境启发学生联想，降低认读难度

我曾经做过一个小实验：在课堂上让学生认读课外收集的商品包装的名称。其中一个女孩子非常流畅地读完自己收集的十几个商品包装的名称，最后一个读的是"腹痛水"。刚读完，我在纸上写了"痛"一个字，请她读，她摇头表示不认识；我又写了个"水"字，她正确读出；接着，我再在这两个字的前面写了"腹"字，有趣的现象出现了，她立刻脱口而出："腹痛水！"

从这个实验看出，单独出示生字让学生认读，难度比较大，但如果把生字放在特定的语言环境（如词语、句子或短文、儿歌）中，让学生在这样的语言环境中认读生字，可以降低认读难度。因为汉字依存的书面语言环境可以为学生记忆提供一定的线索，可以引发学生的联想，回忆起字的读音。而书面语言可供学生反复阅读与记诵，实际上又提高了汉字出现的频率。在儿童读物中，有很多字词在文中重复出现，这个特点，也正好为儿童识记汉字提供了便利。如：

江南

汉乐府

江南可采莲，

莲叶何田田。

鱼戏莲叶间。

鱼戏莲叶东，

鱼戏莲叶西，

鱼戏莲叶南，

鱼戏莲叶北。

要认识的生字"江"字在诗中出现了 2 次；"南"字出现了 3 次；"莲"字出现了 7 次；"鱼"字出现了 5 次。《影子》一课，要求认读的"影"字出现了 6 次；《比尾巴》中"尾""巴"两个字出现了 12 次……教师要利用好这样的教学资源，借助课文的诵读，让学生与生字反复见面，达到"见形能读音"的目的。同时，也可以将生字编入儿歌或短语，帮助学生建立起字音与字形之间较为稳固的联系。如《雪地里的小画家》，为了帮助学生巩固生字，教师编了以下儿歌：

小马嗒嗒跑得快，身后脚印月牙弯。

小鸡走路轻轻迈，两行竹叶留后边。

小鸭嘎嘎摆一摆，脚下好像枫叶来。

小狗也来走一走，朵朵梅花地上留。

又如《小壁虎借尾巴》，巩固生字阶段，设计以下练习：

> ①壁 ②断 ③咬 ④墙 ⑤蚊
> 　小①虎在④角捉⑤子，一条蛇③住了他的尾巴。小壁虎一挣，挣②尾巴逃走了。
> 　没有尾巴多难看啊！小壁虎想：向谁去借一条尾巴呢？

3. 将儿童自编儿歌、故事等作为记忆支柱，形成联想

自编儿歌、故事的方式，对学习汉字尤为有效。儿童对于这样的创造性劳动总是乐此不疲。因为这符合儿童的心理特点，他们用自己的心灵赋予字的点、横、竖、撇或其他构字偏旁以独特的生命信息。如有的学生为"赞"编了顺口溜，"两个先生，带着宝贝，宝贝乖乖，先生夸赞"，把字音与字形巧

妙地结合在了一起。又如"闪","一个小人,在门口闪了闪就不见了",富有创造力的想象,为学生独立识记生字提供了帮助。但如果学生自编的内容有悖于识字的科学性或人文道德,如上文提到的"老师像狼一样在吼"的例子,就需要教师指正、引导。

(二)见形知义 —— 建立形、义之间的联系

即将字形与某一些具体事物联系起来使字形本身形象化,帮助辨认与记忆。象形字是以描画事物特征或轮廓的方式造的字,因而象形字本身就具备字形与具体事物之间的直接联系,会意字、指事字在象形字的基础上发展而来,也具备这样的特点。所以,借助象形字、会意字以及指事字的特点,可以帮助学生有效建立起字形与字义之间的联系。如教学"灭",说"一块东西放在火上一盖,火就熄灭了",这样,学生见到"灭"字就能联想到这个字的意思。同时听到"灭"的音,就能联想起这个字的写法。同样,教学"兔"时,可以让学生观察象形字🐇,看到"兔"字就想到兔子的形象,就能读出字音;让学生指出"兔"字的最后一笔"点"就像小兔子的短尾巴,这样就不容易将"兔"写成"免"了。

(三)见形知音义 —— 建立形、音、义之间的联系

形声字是在象形字、指事字、会意字的基础上形成的,由表示意义范畴的意符(形旁)和表示声音类别的声符(声旁)组合而成。所以形声字是汉字造字法当中音、形、义结合最紧密的。大多数形声字都能见形知音义,闻音而知义形。教学时,我们可以利用形声字的构字特点,帮助学生建立起形、音、义之间的联系。如《我是什么》中"跑、雹、袍"这几个形近字同时出现在一篇课文中,这几个字的形旁表意,声旁都是"包",但"雹"字的声母发生了变化,学生容易读错。教师就可以借助顺口溜帮助学生区分:

有手轻轻抱,

有足快快跑。

有衣穿红袍,

有雨是冰雹。

既可揭示意符表示字义的特点,又通过诵读巩固了字音。

统编本教材一年级下册的《小青蛙》通过字族识字,由母体字"青",带出"请、清、情、晴、睛"等形声字,《动物儿歌》则出现大量虫字旁的形声字,都是帮助学生掌握形声字的教学资源,教师要利用好教材,揭示形声字的规律,引导学生以积累形声字的方法进行识字。形声字在汉字中占有80%以上的比例,学生若能掌握好形声字的特点,对学习汉字是极为有利的。

《动物儿歌》教学片段

师:看看屏幕上的这些字,它们有什么共同的特点吗?

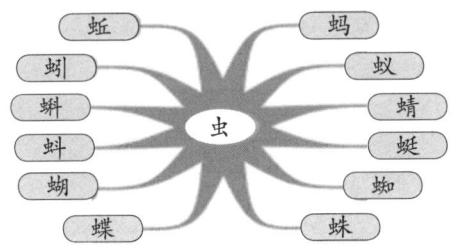

生:都有虫字旁。

师:这是一个新的偏旁,大家一起说——虫字旁。

师:为什么这些字都是虫字旁?

生:因为都和虫类有关。

师:看来你们已经知道了一个秘密,虫字旁表示了这些字的意思。除了都有虫字旁,它们还藏着一个秘密呢。读读这些字,从读音上你又有什么新的发现?

生:右边部分字的读音和整个字的读音一样。

师:是呀,真有趣。看,"蚂"这个字,右边的字是"马",整个字也读"mǎ"

呢！你能不能发现其他字的秘密？发现了告诉你的同桌。

（学生发现秘密并和同桌互相讨论）

师：请你来说说。

生：我发现"蜘"这字，右边是"知道"的"知"字，整个字也读"zhī"。

师：你已经知道了这个秘密。老师请来了三个陌生的小动物，能不能一眼看穿它们的秘密，知道它们读什么？

生：蜈蚣、蚊、蚜虫。

师：你是怎么知道的？

生：我是根据它们右边的字的读音猜的。

《妈妈睡了》教学片段：教学"润"字

生：弯弯的眉毛也在睡觉，睡在妈妈红润的脸上。

师（出示生字卡片：润）：这个字读——

生：润。

师：润，是什么旁的？

生：三点水。

师：为什么"润"是三点水旁的呢？

师（出示图）：大家看，夏天禾苗都干枯了，一场雨来了，雨点儿落在干枯的禾苗上——

生：小禾苗喝足了水。

师：是啊，有了雨水的滋（zī）润（齐读：滋润）。小禾苗长得更好了。

师：眼睛累了，滴一滴眼药水，眼睛就湿（shī）润（齐读：湿润）了。

师：小朋友的脸蛋红扑扑的，水灵灵的，这就叫——

生：红润。

师：现在你知道为什么"润"是三点水旁的吗？

生：有水分才是"润",所以"润"字是三点水旁。

二、遵循儿童的认知规律

有人认为,低年级的识字写字教学就是让学生多读多写,机械识记,没有什么好研究的。这是对识字写字教学的肤浅认识。实际上,儿童学习汉字要掌握字的音、形、义,既要通过视觉、听觉感知字形和字音,又要理解字义,达到学会使用书面语言的目的,是从感知到理解再到运用的过程。在这个过程中,不论是学习一个字还是掌握识字方法,形成识字能力,都必须遵循儿童的心理特点,以儿童的认知规律为指导。

(一)遵循知觉整体性原则

根据《义务教育语文课程标准》的要求,统编本教材对于识字写字的总体要求是"多认少写,读写分离",要求"会认"的生字不一定要求"会写"。对这一要求,在教学中存在两种误区:一是有的教师认为要认识的生字必须要通过书写练习才能达到"会认"的目标,导致增加学生学业负担;二是认为要对每个要求认读的生字逐一进行分析,导致一节课上用了大部分时间分析生字的字形。有人通过课堂实验统计发现:采用讲述法连续分析4.5个以上生字的字形后,85%的学生显示出学习厌倦状态。这个实验证明,集中分析字形的学习活动枯燥单一,会导致学生失去学习汉字的兴趣。

针对以上所述的两大教学误区,无论是原来的人教版教材还是现在的统编本教材的教学建议中都提出:大多数要识记的生字要求整体把握字形。也就是说,大多数要识记的生字不要求进行字形各个部件的分析。

1. 为什么要求"整体把握字形"

这是因为第一学段的儿童(特别是初入学儿童)"对客观事物的大体轮廓的知觉占优势,精细的辨别能力尚不高"[1]。就如一个牙牙学语的婴孩,见到头发长的叔叔,会喊"阿姨",原因就是他只把握住了"头发长的是女性"的

---

[1] 朱作仁:《语文教学心理学》,黑龙江人民出版社,1984,第201页。

特点,至于性别的其他细节区别,并没有关注到。

低年级的儿童识字也是同理。比如,看到"藏"字,他们能认读出这个字的读音,但至于里面的部件是"巨"还是"臣",是不会注意到的。所以,针对这个阶段儿童的识字教学要顺应这个规律,大部分生字只要整体把握字形即可。教师可通过各种形式的诵读,让学生与生字多次见面,"一回生,二回熟,三回四回成朋友",最终达到换个语言环境仍然能认读的目的。

2. 有些生字既要求会认还要求会书写,需要记住各个部件,怎样指导

针对难读易错的部件,可以给予学生强烈刺激,如"手",学生容易把中间的竖钩写成竖提,教师可以把竖钩部件用红色粉笔标注。"兔",学生总是容易少写"点",教师可以借助字理分析,让学生找一找兔子的尾巴在哪里,并编成顺口溜:"兔子的尾巴短,藏在身后边。"

另外,比较异同是防止部件混淆的好办法,如"鸟"的第二笔横折钩,学生容易写成横折,不妨将"鸟"与"马"两个字放在一起比较,让学生发现不同,并加上形象的说法:"尖尖嘴,打个钩,捉毛虫,逃不脱。"

研究表明,反复认读是一种掌握字形整体轮廓的办法,而分析比较则是掌握部分及其关系的一种办法。

(二)遵循思维直观性原则

众所周知,第一学段的学生形象思维仍然占有重要地位,正如教育学家乌申斯基所指出的:他们是按照形状、颜色、声音和形象来思维的。因而,为了提高学生的识字与写字的学习兴趣,教学中可以利用声音、图像、动作、情境等加强汉字与事物的联系。如《妈妈睡了》教学"闭"字,有教师组织了这样的教学:

教师引读句子:明亮的眼睛——

生(接读):闭上了。

师:紧紧地——

生(接读):闭着。

师:一起读这个字——

生(齐读):闭。

师:我们一起学学妈妈做做这个动作:眼睛,闭——开——闭——开。

(学生听老师的指令,眼睛闭上睁开)

师:还有什么东西可以闭——开?

生:小嘴巴可以闭——开。

生:门和窗可以闭——开。

生:睡莲,白天花瓣闭上,晚上打开。

(教师引说)

师:眼睛可以——

生:闭——开。

师:嘴巴可以——

生:闭——开。

师:大门可以——

生:闭——开。

师:变成一首儿歌念一念。

嘴巴嘴巴闭上了,

眼睛眼睛闭上了,

大门大门闭上了,

变朵小花闭一闭。

(学生一边念儿歌,一边做动作)

以上教学活动体现了两个特点:一是将生字教学与生活结合,既在表达运用过程中复现了生字,又理解了字义;二是将汉字教学寓于学生的游戏活动之中,符合儿童的直观思维特点,寓教于乐,教学效果比较明显。

遵循思维直观性原则，可以采用以下一些教学方法：

1. 字理分析法

象形、会意、指事，本身就是以描拟事物为主要手段的三种造字法，因而与具体事物有密切联系，具有直观性的特点，适合针对儿童开展形象性的识字学习活动。

如《日月水火》，把汉字与象形字对照起来学习，学生非常感兴趣，教学时可以让学生找一找现代汉字的部件与象形字的部件以及事物之间的联系，如"竹"字就像竹叶，"网"里面的"撇、点、撇、点"是网格，外面的同字框是网的外框。又如《人之初》（一年级下册），教师教学"人之初，性本善"中的"善"，先出示善，引导学生观察，发现象形字的"善"的上半部分像个羊头，有羊的犄角和眼睛，然后观察现在的"善"字里仍然藏着羊角和羊眼，教师提问："为什么善和羊有关？"学生回答："因为羊很善良。"通过字理分析帮助学生建立"善"字的形与义的联系，学生学得兴趣盎然、印象深刻。

但是运用字理进行识字教学要注意适度，字理分析要确保其有效性，必须具备以下条件：

（1）确实是需要深入加工才能识记的汉字，否则是做无用之功。

（2）所分析汉字在音、形、义中应至少有两个要素具有内在联系。

（3）所分析的字理必须与特定学段学生认知水平、接受能力相适配。

（4）象形字或会意字、指事字，其模拟的事物依然存留于现在的形体中，字形所表示的义也仍然存在于学生的语言经验或知识背景中。

《人之初》教学片段

一、依托句子"性相近,习相远",教学"习"

认读字卡:"习"。出示甲骨文的"习"字:🔖。

师:我们祖先发明的汉字,一个字就是一幅画,看看这幅画,猜一猜这个字下面是什么,上面又像什么?

生:下面是太阳,上面是羽毛。

师:是的,小鸟每天在太阳升起时就跟着妈妈学飞行。一天天过去了,小鸟终于——

生:学会了飞行。

师:那你知道小婴儿每天跟妈妈学什么吗?

生:学说话、走路。

师:可是,有个婴儿是在狼群里长大的,你猜他跟狼妈妈学会了什么?

生:学会了像狼一样嚎叫;学会了爬行;学会了吃生肉、捕猎……

师:瞧,刚生下来一样都是小婴儿,因为生活的环境不一样,慢慢地就有了那么大的差别,这就是——

生(齐读):性相近,习相远。

二、依托句子"苟不教,性乃迁,教之道,贵以专",学习"教"

句子里有个字出现了两次,圈一圈,读一读。

学生认读"教"字。教师出示甲骨文的"教"字:🔖。

师:看看这幅汉字画,你看懂了吗?

生:左下是一个小孩,右边是一只手拿着一根棍棒……

教师出示图片(见下页右):

生：一个家长拿着棍棒打不听话的儿子。

师：是啊，以前的人们认为，孩子要有出息，就要严格管教。所以《三字经》里有句话这样说——

生（齐读）：苟不教，性乃迁，教之道，贵以专。

师：教育多重要呀，我们再来读一读。

生：苟不教，性乃迁，教之道，贵以专。

2. 动作表演法

动作表演法是直观演示教学法中最主要、最常用、最有效的一种手段。利用学生的肢体动作和经验，使学生获得所要学习的生字的生动、清晰、真实、正确的表象，从而加深对汉字字形的记忆以及对字义的理解。这方法非常适合以形象思维为主的低年级儿童学习。

（1）肢体摆字形记忆字形

2017年中央电视台播出的《开学第一课》"汉字溯源"板块就出现了肢体摆字形猜字的游戏（见下图左）。在教学中，我们也可以通过肢体摆字形的游戏，帮助学生识记汉字（见下图右）。

 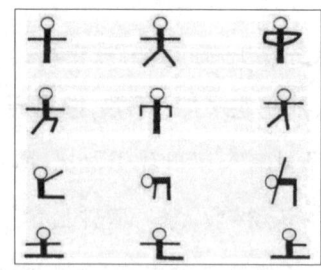

（2）肢体摆造型指导书写

在指导"人""八""木"等字的书写时，教师经常强调撇捺要舒展，但低年级学生并不理解"舒展"的具体含义，可以借助动作表演进行辨别。

（舒展）　　　　（不舒展）

"捺"的笔画书写要美观,最后略顿再出锋是关键,这是学生书写的难点,可以让学生做做绷腿、踢脚的动作,体会顿笔与出锋的含义,见下图:

（3）动作演示理解字义

动作演示可以帮助学生理解字义或者辨析字义。如《操场上》,学生边读边做动作:打球、拔河、拍皮球、跳高、跑步、踢足球。通过动作演示,学生发现打球、拔河、拍皮球都是手部的动作,因此"打""拔""拍"都是提手旁的字,跳、跑、踢都是脚部的动作,这几个字都是足字旁的字,从而发现这类形声字形旁表意的特点。又如《小蝌蚪找妈妈》,通过动作演示区别"迎上去"和"追上去"的意思。动作演示一般适用于动词。

3. 故事、歌诀法

这是一种通过将汉字编成一个个小故事或朗朗上口的歌诀,揭示汉字的构字规律,来帮助学生识记汉字的方法。在统编本教材中就有体现歌诀识字的内容,如《小青蛙》青字族识字儿歌,《语文园地五》"趣味识字"包字族识字儿歌。

也可以鼓励学生创编故事识记汉字。如用故事识记"鼠"字:一只蹲坐着的老鼠,它的牙齿不停地长,所以老鼠每天就得不停地啃硬东西来磨牙,它狡猾得很,把里面的粮食吃掉,把外面的壳剩下,就像我们用石臼（出示石臼图片）脱粮食壳一样,最后就剩下一个个空壳子,这就是"鼠"字上面的"臼"的来源。左下方是它的四个爪子,右下方一长长的竖弯钩,既代表整个身子,也代表了它那长长的尾巴。

教学中,教师应鼓励学生自主地编故事和歌诀来识记汉字,但如果所编的内容与汉字构字的规律或者人文道德相违背,教师需进行引导修正。如有一小朋友在给"照"编口诀时说:"一个日本人,拿了一把刀,杀了一口人,流下四滴血。"教师说:"你这个口诀是把字记住了,但是太血淋淋了,多可怕啊!谁能来改一改?"另一位小朋友在老师的帮助下,编了口诀:"上边日刀口,四点在下头。日光湖面照,荷花清香飘。"

除此之外,字谜法、游戏法、图片展示法等都是非常直观有效的识字教学方法。

(三)遵循语思并举原则

汉字的学习不是枯燥的机械记忆,而是一个复杂的分析综合的思维活动过程。教师在教学汉字时,既要有意识地引导学生参与思维活动,同时还应有意识地对学生进行思维能力的训练,使学生的汉字学习与思维训练和谐共进。

统编本教材十分重视学生思维能力的训练,如:

发现规律:《语文园地》"我的发现"专栏,引导学生发现汉字构字规律,如"很多木字旁的字都和树木有关","很多女字旁的字都和女性有关","口字旁的字都和嘴有关"……

分类识字:一年级上册《语文园地》"识字加油站"专栏,安排了"时间分类识字""家人分类识字""职业分类识字"等,引导学生从不同的汉字中发现共性,从而完成从特殊到一般的认识过程,提高学生的分析、归纳能力以及逻辑思维能力。

比较识字:二年级上册《语文园地五》的"识字加油站",将形近字进行比较连线,引导学生借助词语的意思辨析字形,训练的是学生观察、分析的综合能力,以及思维的严密性。

教学时,我们不妨让学生在识记生字过程中,进行比较、分类、表达,使语言和思维得到共同的发展,如一年级上册《语文园地三》的"字词句运用"中"读一读,说一说"(见下图)。

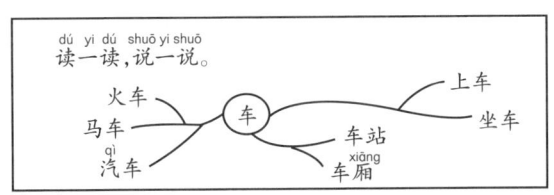

教学时,教师如果简单地将其作为扩词开展教学,就丧失了思维训练的时机。建议这样开展教学活动:

请学生给"车"组词。

生:自行车。

师:"自行车"应该放在哪一条"枝丫"上?

生:放在"火车、马车、汽车"那边。

教师在这条分支旁边,再画一条分支,写上"自行车"……

同样,如学生组词"骑车""车位"等,也让学生将词语归类到相应的分支上。

这样的学习活动既让学生通过扩词识字,又让学生得到了比较、分类的思维训练。

写字教学亦是如此,教师要多引导学生比较形近字的异同,发现书写的规律,敏锐抓住关键笔画在田字格的位置,等等,引导学生在识字与写字的活动过程中充分参与思维活动。

《棉花姑娘》"燕"字教学

执教者：浙江省特级教师　陆虹

师：燕子的"燕"，谁有好办法记住它？

生1：用加一加的办法，草字头下面加一横，中间是个口。（沉默）

师：还有一个是什么字？

生2：北。

师：北，把它拆开看，很像燕子的什么？

生2：翅膀。

师：下面是——

生：四点底。

师：老师还把古代人写的"燕"带来了，但是我把它和其他字混在一起了。请你来猜一猜，这三个字当中，哪一个可能是燕子的"燕"？（出示图片）你可以和同桌讨论一下，说出理由。

（同桌讨论）

师：你们可以用手势来表示一下，第几个是燕子的燕。

（学生伸出两个指头）

师：为什么你认为是第二个？

生：因为这个字旁边有两个翅膀。

师：这个翅膀像——

生：燕子的翅膀，尾巴也像燕子的尾巴。

师：样子特别像。理由跟他一样的同学可以点点头。你还想说什么？

生：我感觉它上面那两个像头发一样的东西像燕子的嘴巴。

师：对了，是燕子的嘴巴。这个燕子的"燕"就是一个象形字，古人在造这个字的时候就是模仿燕子的样子把它画下来的。左右这两个字也是象形字，这两个字你们之前刚刚学过，也是表示两种动物的，你能猜出来是什么字吗？

生：第一个是"象"。

师：哇，你这么厉害，你是怎么猜出来的？

生：因为那个弯弯长长的就像象鼻子，象的鼻子很长。

师：第三个字是什么呢？

生：鹿。

师：你怎么又猜出来了？

生：因为最上面很像鹿的角。

师：这三个字都是动物的名字，而且它们都是象形字。汉字太有意思了，看着图画我们也能认字。

第四节　识字教学

第一目　前置识字

统编本教材一年级上册打破了以往教材入学先学拼音的传统，在第一单元安排了40个高频字的集中归类学习，我们称之为"前置识字"板块。将识字前置，让学生尽早接触到有着悠久历史的祖国文字，能帮助学生建立对汉字的原初感觉，更好地遵循了儿童身心发展的规律，缓解了对拼音的畏难情绪。

一、教材编排分析

"前置识字"单元的编排是一个可以分解的立体系统。从识字材料的内容看，五篇课文以及《语文园地一》中的"识字加油站""日积月累"都蕴含着浓浓的文化味和教育意义。从识字材料的形式看，有三字文识字《天地人》、韵语识字《金木水火土》、看图识字《口耳目》、象形字识字《日月水火》、对对子识字《对韵歌》，还有《语文园地》中的古诗文积累《咏鹅》。

6周岁左右的学龄儿童以直观的形象思维为主，对语言文字存在着一定的新鲜感。面对内容丰富的识字材料，我们应该怎样取舍呢？笔者根据教学实际情况，结合教师参考书，以本单元课文中的"识字目标"为例，做以下分析。

课文	教材中的识字要求	基于教参，细化后的识字要求
《天地人》	通过听读、观察图画、联系生活等方式，认识"天、地"等6个生字	①识记字音，纠正"人、我、你"的发音 ②各种方式将形与义结合，并拓展"人、天、地"相关的词语 ③关注"你、我、他""天、地、人"之间的联系，进一步理解字义
《金木水火土》	通过听读、联系生活、看图想象等方式，认识"一、二"等7个生字	①识记字音，理解字义，纠正"二、五、上"的发音 ②辨认"金、木、水、火、土"，初步了解五行的关系，理解形、义 ③借助"上下""日月"等初步理解对子，理解形义
《口耳目》	看图对照，认识"口、耳"等7个生字	①识记字音，关注"口、耳、手、足、站、坐"的发音 ②利用身体部位理解字义并运用，组词识记"手、目"等字 ③在俗语的具体语境中识记"站、坐"，理解字义
《日月水火》	通过观察，发现图画与汉字的关系，认识"日、月"等8个生字	①识记字音，关注"水、火、山"的发音 ②借助甲骨文，理解字形、字义，体会象形字的特点 ③拓展课后习题，进一步了解象形字字理识字
《对韵歌》	通过听读、看图想象等方式，认识"对、云"等7个生字	①识记字音，关注"雨、风、虫"的发音 ②各种方式将与形义结合，关注"风雨、雨雪、风雪"等词 ③感受对子间字数、种类等的对应关系，进一步理解字义

从上表中不难发现，统编本教材较之人教版教材，已经对"识字教学"的目标做了调整，并给予一系列教学方式如"借助图画""联系生活"等建议，在一定程度上降低了教学的难度，但在教学内容的取舍上还未能进一步明确。教师可以教参为起点，聚焦文本的内容与形式，细化教学目标，取舍教

学内容，进一步挖掘汉字文化的内涵，让识字不仅成为学生的一种能力、一种习惯，更成为他们热爱祖国语言文字的基石。

二、教学策略

前置识字如何在学生未学拼音的情况下进行，并且保证识字教学的有效性？这就需要教师在教学中关注学生学习方式的变化，选择恰当的识字方法，重视音、形、义在语境中的结合，满足学生个性化的学习需求。

（一）整体入手，合理定位

教师要遵循母语教学规律，立足统编本教材体系，从整体上把握本单元各个识字材料的教学要素，以达到"牵一发而动全身"的效果。

1.关注已有经验，激趣为先

对于学习母语的儿童而言，汉字与他们的生活紧密联系，大多数儿童在学前已经具备了一定的识字量。如果一开始的识字教学仅简单地重复他们已有的知识，将会减弱儿童的求知欲，错过激发儿童学习语文兴趣的最佳时机。所以教师要依托学情——学生原有起点来构建识字教学，让前置识字真正成为对接学生已有学习经验的桥梁。

《天地人》一课出现了6个常用汉字：天、地、人、你、我、他。这几个字均属于高频字，学生在学前或多或少有所认识。有教师在教学此课前，对所在班的学生进行了识字情况前测，结果如下：

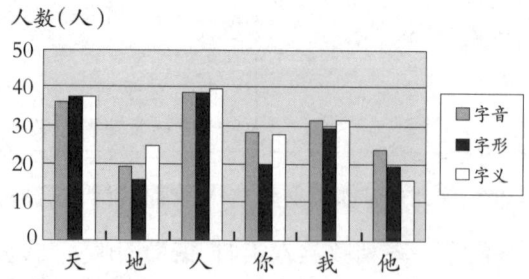

针对前测的学情，教师对这一课做了如下设计：第一步，询问学生是怎么认识这些字的；第二步，通过学生的回答，提炼出生活中识字的各种方法；

第三步,随机出示字卡,检测学生能否把字音读准。这样的设计避免了炒冷饭式的识字方式,关注到了不同层次孩子的需求。同时,教师巧妙地将识字与学生原有的生活相联系,激发了学生的识字兴趣,同时提高了学生的语言表达的能力。

2. 传承中华文化,凸显意趣

汉字是一种集音、形、义于一体的语言文字符号,"前置识字"这一单元中的识字材料大多以单个字或是组合在一起的短小儿歌等简单形式出现,蕴含着丰富的传统文化意蕴。

教师在明确这一特点后,应该充分利用这一资源。比如《对韵歌》是根据《声律启蒙》和《笠翁对韵》编写而成的韵文,句式整齐,音韵和谐,读起来朗朗上口。教师可以在教学中渗透关于韵文的知识、对对子的类型,鼓励学生拓展阅读《笠翁对韵》等。比如《天地人》一课,以现代画家傅抱石的国画作品《一望大江开》为背景,教学中可以巧妙利用此图,引导学生感受中华文化魅力。又如《金木水火土》,儿歌以分句形式将"一二三四五"与"金木水火土"一一对应。所谓"道生一,一生二,二生三,三生万物","金木水火土"即古人眼中的万物;"天地分上下,日月照今古"即天地分列万物上下,其与日月一起润泽万物,贯通今古。这首儿歌巧妙地糅合了古人认识世界的理论。教师可以向学生适当渗透关于五行的知识。

这些设计都能较好地将中华古典文化意境和韵味融入识字学习,唤起学生对中华文化认知的共鸣,以及身为中华儿女的自豪之情。

(二)立足学情,有序推进

研究表明,6~7岁儿童的注意力持续时间只有15分钟左右。教师要巧妙利用课堂教学的时间,最大限度地激发学生的兴趣,让他们能身心愉悦地识记汉字。

1. 灵活调控进度,松紧相宜

儿童从幼儿园过渡到小学,学习方式、身心发展、习惯能力都发生了一定的变化。"前置识字"作为语文学习的第一个单元，教师在教学进度的安排上宜采取"先松后紧"的策略，使学生在学业的起始阶段有适当缓冲。

例如《金木水火土》一课，学生首次接触汉字的书写，教师要让学生认识田字格的构成，并且强调书写、握笔的姿势，引导学生按照规范认真写好汉字，关注良好书写习惯的养成。对于指导学生书写这一环节，可设计如下：

认识田字格 ⟶ 观察生字在田字格中的位置 ⟶ 示范书写
写字姿势讲解 ⟶ 学生相互监督书写 ⟶ 反馈 ⟶ 再修改

教师在教学中，对学生首次接触到的内容应放慢教学节奏，分解动作，使他们轻松完成学习任务。这样的进度安排，符合学生实际的学习能力，也有利于识字教学稳步开展。

2. 准确把握节奏，张弛有道

根据课堂观察发现，入学一个月内的学生在一堂课的后20分钟，大部分会出现打哈欠、趴桌子、思绪涣散等注意力不集中的状况。这就需要教师提前调整教学节奏，把重点的识字内容安排在前半节课，而在后半节课中灵活安排一些游戏活动来调节学生的身心状态。

如《天地人》一课可以设计游戏巩固生字的环节：

（《找朋友》的背景音乐响起）

师：我把生字朋友送给坐得端正的小朋友。（教师将生字卡片分发给学生）

师："天"字宝宝在哪里？

生1："天"字宝宝在这里！（学生跑上来）

师：请跟我读——天！握握手，你是我的好朋友。

师："地"字宝宝在哪里？

生2："地"字宝宝在这里！（学生跑上来）

师：请跟我读——地！

生（齐读）：地。

（教师继续与学生做游戏，找出"人、我、他、你"四个字宝宝）

通过游戏，教师将本课新授的生字进行及时复现，学生在自主实践中兴趣盎然地巩固了所学的汉字。当然，调整教学节奏的活动有很多，包括生动活泼的课间操、引人入胜的小故事、优美动听的音乐等，这些都有利于活跃课堂气氛，提高学生的识字效果。

（三）强化实践，多管齐下

识字教学的最终目的是激发学生的识字兴趣，使他们养成主动识字的习惯。教师应该遵循儿童的心理特点，优化教学方式，巧妙设置多种教学手段，引导学生科学有效地识字。

1.口口相授，仿中学

汉语是我们的母语，学生在入学前已掌握了一定的生活用语。但由于各自生活的地域、家庭不同，学生发音的准确性也大相径庭。南方地区的儿童普遍存在平翘舌音不分、前后鼻音混淆等情况。在学生学习拼音之前，纠正发音的主要方法是范读、听读、跟读等。

如一位老师执教《金木水火土》一课时，是这样设计导入环节的。第一步：教师范读，学生认真听。第二步：梳理学生听到的内容。第三步：打开课本，学生跟着老师一句一句地读。第四步：学生跟着老师两句两句地读。第五步：学生自由读。第六步：学生轮流"开火车"读。

在上述环节中，教师正是通过一步一步地范读，让学生在一步一步地跟读中，学会倾听与模仿。同时，这样一个较为整体的语言环境，有利于学生把握字音，慢慢地学会正确朗读与识记生字。

当然，在熟悉字音、字形，理解字义后，针对本单元的识字材料，教师还可以引导学生采取唱读、对读、表演读、打节奏读等多种形式来诵读。如根据韵文的含义进行配对朗读(《对韵歌》),配上动作表演朗读(《口耳目》的两句诗)……让学生在诵读过程中进一步了解字词的意思,将认字学词与读文悟情合二为一,有机融合。

2. 链接生活,做中练

《义务教育语文课程标准》指出:识字教学要将儿童熟识的语言因素作为良好的教学情境。可见,低年级识字教学的常用方法之一就是联系生活实际。教师要想方设法创设情境让学生运用汉字,将识字学词与诵读、说话等训练巧妙结合。

如教师教学《天地人》一课时,是这样落实"我"字教学的:

师:请跟我读——我!(出示字卡"我",并指向自己胸口)

(学生活动:练读"我")

师:老师还能用这个字来介绍自己呢。我叫王×。你会用上"我"来介绍自己吗?(引导学生加上手势)

生1:我叫李××。

生2:我叫徐×。

师:我还能继续介绍自己呢!我是老师,我喜欢画画。请你也来介绍自己的爱好。(引导学生加上手势)

生3:我是学生,我喜欢打篮球。

生4:我是小学生,我喜欢弹琴。

……

师:把刚才说的连起来,向同桌介绍自己。(引导学生加上手势)

(学生活动:同桌相互介绍)

在这个教学环节中,老师联系生活实际,让学生在自我介绍的语言实践活动中识记"我",了解字义,体会汉字学习的乐趣。同时,教师有意识地将识字与口语交际相融合,锻炼了学生口头语言的表达能力,帮助学生潜移默化地学会了自我介绍的方法,达到了训练说话,服务生活的目的。

(本目由汪帆供稿)

课堂现场链接

《天地人》教学片段

执教者:宁波市孙文英小学　王琦

一、形义结合,教学"天、地、人"

1.教学汉字"人"

(1)出示字卡"人"。教师范读,引导学生认真观察口型,并讲解发音要点:要读准这个字是有窍门的。舌头前面尖尖的地方找到嘴巴上面的屋顶,然后用力顶住"屋顶"。

(2)多种形式认读生字。(学生自由读、"开火车"读)

(3)口头为"人"交"词语朋友",教师随机点评。

(4)出示老人、男人、女人的图片,进一步帮助学生理解"人"的字义。

2.讲述《盘古开天地》

小朋友们学得这么认真,老师就奖励大家听个故事,题目叫作"盘古开天地":很久很久以前,天和地还没有分开,有个叫盘古的巨人抡起大斧头朝眼前的黑暗猛劈过去,天和地就分开了(出示生字"天""地")。盘古怕它们还会合在一起,就用手撑住(学生接读——"天"),脚蹬着(学生接读——"地")。就这样,很多很多年以后,天和地就逐渐形成了。

3.教学汉字"天、地"

(1)出示字卡"天""地",学生"开火车"认读生字。

(2)结合图片,理解"天"的字义。出示天空、蓝天、雨天的图片,引导学生联系生活理解:这一大片是——天空;蓝蓝的天空,叫——蓝天;下雨的时候,叫——雨天。

(3)复现生字"天",学生认读,巩固字音。教师随机板贴生字"天"。

(4)结合图片,理解"地"的字义。出示土地、草地、地球的图片,引导学生联系生活理解字义。

(5)复现生字"地",学生认读,巩固字音。教师随机板贴生字。

4.课间操

天,天,天在上;

地,地,地在下;

天地之间站着人。

(1)教师范读,学生一行一行跟读。(重点指导第三行)

(2)学生起立,一边拍手一边配乐读。

(3)同桌互读,面对面一边拍手一边读。

二、创设情境,教学"你、我、他"

1.课件展示从"人"到"亻"的变形,引出"你""他"

2.出示字卡"你""他"

教师范读,学生跟读。随机强调:这两个字的左边都有"人"字,他们都是人。

3.教学汉字"你"

(1)出示字卡"你",引导学生用手势认读。(手指对方)

(2)语言训练,用上"你"来夸夸对方。

①教师示范表达:(手指着一位学生)你是个认真听讲的孩子。

(手指着另一位学生)你是个勇敢的孩子。

②指名学生用上"你"来夸夸老师,要求加上手势。

③同桌之间用上"你"来互相夸一夸。

(3)教师小结:小朋友们真能干,不仅能读准这个字,还能用好这个字。

4.教学汉字"他"

师生合作识记生字,出示字卡"他"。

师:请谁读?

生:请他读!(出示字卡)

师:他是谁?

生:他是×××。

5.教学汉字"我"

(1)出示生字"我",教师指着自己示范读,学生也学着老师的样子跟读。同桌互相读。教师随机板贴字卡。

(2)互动说话,用"我"进行自我介绍。

①教师加上手势进行示范:我叫××。学生学着老师的样子介绍:我叫×××。

②教师继续介绍:我是老师。学生继续学着老师的样子介绍:我是学生。

③教师继续介绍:我喜欢画画。学生也学着老师的样子介绍自己的爱好。

④把刚才说的连起来,同桌互相介绍。(引导学生加上手势)

6.复现"你、我、他"三个生字,打乱顺序,"开火车"认读

第二目　集中识字

一、教材编排分析

统编本教材识字分布在几个板块中:集中识字、汉语拼音(一年级上册)、课文、《语文园地》。其中"集中识字"单元是识字教学的重要板块,从一年级上册到二年级下册总共有6个"集中识字"单元,共计要求认识的生字

有328个,要求会书写的生字有160个(见下表)。

册次	单元量	识字量	写字量	具体内容
一年级上册	2个单元	35	15	《天地人》《金木水火土》《口耳目》《日月水火》《对韵歌》
		55	23	《画》《大小多少》《小书包》《日月明》《升国旗》
一年级下册	2个单元	44	28	《春夏秋冬》《姓氏歌》《小青蛙》《猜字谜》
		49	28	《动物儿歌》《古对今》《操场上》《人之初》
二年级上册	1个单元	57	40	《场景歌》《树之歌》《拍手歌》《田家四季歌》
二年级下册	1个单元	62	36	《神州谣》《传统节日》《"贝"的故事》《中国美食》

"集中识字"单元教材的编排特点如下:

(一)丰富多样的识字方式

有看图识字,如《口耳目》;有分类识字,如《小书包》《操场上》《场景歌》《树之歌》;有现代儿歌识字,如《升国旗》《动物儿歌》《拍手歌》等;有传统蒙学识字,如《姓氏歌》《人之初》《对韵歌》《古对今》等;有字理识字,如《日月水火》《日月明》《"贝"的故事》等;还有生活识字,如《中国美食》等。这些丰富多样的识字方法,不但有利于激发学生学习汉字的兴趣,提高识字效率,同时有助于学生积累识字方法,为学生今后自主识字做准备。

(二)关注儿童的现代生活

《小书包》《操场上》,都是词串+儿歌识字,所描述的内容与学生的学习生活密切相关;《拍手歌》描述的是儿童的游戏生活;《中国美食》与学生的生活息息相关。因为这些识字教材内容都与学生的生活紧密联系,因而易于唤起学生的共鸣,引发学生学习汉字的兴趣。

(三)展现深厚的传统文化背景

汉字本身是中国悠久文化的源头活水,一笔一画都蕴含着古代人们的智慧,横平竖直都承载着中华文明厚重的底蕴和价值。古代的祖先所创造的象形、指事、会意、形声四大造字法为我们现今的识字教学提供了有力保障。识字教材体现造字法识字的有象形字识字《日月水火》、会意字识字《日月明》,《"贝"的故事》则生动地呈现了汉字演变的过程。

传统蒙学识字经典《三字经》《百家姓》《千字文》《笠翁对韵》等为识字教学提供了选材资源。如《姓氏歌》源自《百家姓》,《人之初》改编自《三字经》,《古对今》《对韵歌》由《笠翁对韵》改编而来……

深厚的中华传统文化背景,为识字教材提供了深厚的文化积淀。《金木水火土》体现了古代的哲学思想,"道生一,一生二,二生三,三生万物"。《天地人》的选文源自《三字经》中的"三才者,天地人。三光者,日月星",反映了古人"先有天地,而后有万物",以及自然与人类和谐共处的世界观。《口耳目》中"站如松,坐如钟。行如风,卧如弓",体现的是传统的文明举止礼仪,因为古人主张坐、立、行、走,举手投足都得有式有度。《传统节日》展现的是一年四季传统节日的民俗文化。

二、教学策略

"集中识字"板块的教材内容分为两类:一类是纯识字,如《天地人》《日月水火》,只由汉字和插图构成;一类是将要求识记的生字放置于词串、韵文、儿歌等教学文本之中。有些教师将第二类的识字教材与阅读教学混淆,把集中识字的文本作为阅读教材来教学,这便失去了集中识字的作用和意义。因"集中识字"板块教学具有其独特的特点和作用,教学中要注意选择相应的教学策略。

(一)凸显识字的任务

"集中识字"板块的教学,无疑要将识字活动作为课堂的主体活动,而教材的插图、文本都是学生进行识字的载体,主要为学生识字服务。因此,在教学中要凸显教材的识字功能,促进识字学习活动,在整个教学的过程中始终围绕识字这一重要内容开展学习活动。

以一年级上册《口耳目》的教学为例：

1.借助图画识字。汉字是抽象的符号，教材针对低年级学生的心理特点，将识字教材配以图文，降低学生的识字难度。教学时教师应充分利用好教材的图文资源。

（1）借助教材插图，交流识字。可以让学生观察插图，说说小朋友在干什么。相机出示：口、耳、目、足。

（2）补充画面，辅助识字。如教学"耳"，出示图片：耳机、耳环、耳塞。在图片下方打出词语，并有意将"耳"字放大。学生边看图边说物件名称，在认识事物的同时复现了"耳"字。

2.结合语境识字。识字教材的文本为学生识记字形、理解字义提供了语境，增加了趣味性，降低了难度。生字教学要充分利用语境开展教学。如结合文本中的句子进行"坐"的教学：

第一步，读句子"站如松，坐如钟"，做到字字正确。

第二步，从句子中提取生字"站、坐"，认读生字，注意平翘舌音。

第三步，字理识字，展示"坐"的演变，引导学生观察发现"坐"是两个"人"相对而坐于"土炕"上。

第四步，看图理解意思，强化良好的举止礼仪。找一找课文插图中的人物，谁"站如松"，谁"坐如钟"？简单介绍京剧里的人物包拯。引说复现句子：包拯——坐如钟，正直善良的人——坐如钟，小朋友们也要——坐如钟。

3.游戏活动识字。对低年级学生而言，在活动中学习是最有效的学习方式，游戏活动可以让原本枯燥的识字活动变得生动有趣，大大提升识字的效率。如教学"手"时，教师安排了课间操，在音乐声中做一做，读一读儿歌，复现"手"这一生字。

双手操

点点我的小手心，摸摸我的小手背，

转转我的小手腕,动动我的小手指,

摇摇我的小手臂,拍拍我的小手掌。

4. 复习巩固阶段,运用游戏活动,巩固生字。同桌之间,一个读字卡"口、耳、目、手、足、站、坐",另一个指出相应的身体部位或做相应的动作。

《小书包》教学片段

执教者:杭州市大成实验学校 金晶

一、联系生活,图文对照

【教学片段一】

师:同学们,读了课文,你知道我们的书包里有些什么吗?(课件出示课本中图片)

生:有铅笔。

师:能说完整吗?我们的书包里有铅笔。请你再说一遍。

生:我们的书包里有铅笔。

师:说得真好!我们的书包里还有什么呢?

生:我们的书包里有尺子、笔袋和作业本。

师:这个"和"字用得好!还有吗?

生:我们的书包里有橡皮和转笔刀。

师:物品都认识了,那它们的名字认识吗?(出示词语)请你自己根据拼音读一读。

师:下面请同学来读。

生:橡皮、尺子、作业本。

生:笔袋、铅笔、转笔刀。

师：你觉得哪个词很难读？

生：我觉得"尺子"这个词难读，因为后面的"子"要读轻声。

师：那我们一起来读一读这个词。

生：我觉得"转笔刀"很难读。我知道这个"转"还有另外一个读音。

师：你知道得可真多。"转"是个多音字，在这个词里，它念四声。我们一起读一读。

师：难读的字词我们已经会读了，现在看看能不能把它们的名字都读正确。让我们一起来读读这些物品的名称吧！

（学生齐读词语）

师：你能找到左边物品的名字吗？

（学生上台连线）

师：这些物品有一个共同的名字，你知道吗？

生：文具。

二、汉字溯源，形义结合

【教学片段二】

师：上课前，我们先来猜个谜语：上学放身边，放学背上肩，别看个儿小，学问可不浅。

生：书包。

师：你怎么知道是书包呢？

生：因为我们每天上学都要背着书包。

生：因为书包里面装着很多书，所以说"学问可不浅"。

师：小朋友真聪明。（出示书包图和标注拼音的汉字"书""包"）

师：大家自己读读这个词。

师：（出示单独的"包"字）古人造这个"包"字的时候，是这样的： 。猜猜是什么意思？

生：一个妈妈肚里包着个孩子。

师：是的,现在指把东西包裹在里面。书包把所有的学习用品都包在里面了。你还见过什么包?

生：钱包。

师：对,把钱装在里面的叫钱包。

生：餐包。

生：旅行包。

【教学片段三】

师：在这些文具的名称中,有一个生字出现的次数最多,谁能最快找到它?

生：笔。

师："笔"的上面部分,叫竹字头。我们抬起手,书空。为什么"笔"上面是竹字头,下面是个"毛"字呢?(出示毛笔图片和实物)原来古代人都用毛笔来书写。你们来看,毛笔的笔杆是用竹子做的,笔头是用小动物的毛制成的。所以"笔"字上面是竹字头,下面是个"毛"。

师：除了毛笔,你还知道什么笔呢?

生：铅笔。

生：钢笔。

师：老师带来了一些笔的图片,你们认识它们吗?(出示图片及词语:圆珠笔、钢笔、水彩笔、蜡笔、记号笔等)

【评析】"笔"是一个会意字。学生对于为什么"笔"是竹字头可能不理解,所以给学生看毛笔的图片,这有利于学生理解和记忆。

三、实践中运用,游戏中巩固

【教学片段四】

游戏一:

师：老师在屏幕上出示词语卡片,同学们来找相应的文具,然后把你找到的文具举起来。比如,我问:"铅笔、铅笔,对不对?"拿对的同学一起回答我:"铅笔、铅笔,对对对!"

(老师出示词语"尺子",学生迅速找到尺子并举起来)

师:尺子、尺子,对不对?

生:尺子、尺子,对对对!

……

游戏二:

师:现在,我们换一个玩法。这个游戏叫"找朋友"。老师这里有几张词语卡片,拿到卡片的小朋友先读一读自己手上的词语,然后把它举高。请一个小朋友来问:"橡皮、橡皮在哪里?"拿到"橡皮"这个词语的小朋友赶紧举起来,说:"橡皮、橡皮在这里。"如果他举对了,下面小朋友一起说:"对对对,橡皮、橡皮。"如果错了,就说:"错错错,再找找。"

(老师把词语卡发给学生)

师:下面我请一个小朋友来提问。

生1:笔袋、笔袋在哪里?

生2:笔袋、笔袋在这里。(拿到词卡的学生答)

生:对对对,笔袋、笔袋。(全班齐答)

(二)关照文本的价值

在"集中识字"单元,我们在强化识字教学的同时,不要忽略识字教材文本的价值。

1. 体现文本的识字价值

(1)借助文本语境,提升识字效果。"集中识字"单元的教材,只有少数几篇是以纯粹的字和图的形式出现的,大多数都是借助儿歌、韵文等文本来进行识字的。这样编排,是为了借助语境降低学生识字的难度。因此,识字教学时,要用好文本的识字价值,依托文本进行识字。可以分解为如下几个环节:

第一环节,初读文本,读准字音。在初读文本之后,让学生圈画出文中的生字读一读。借助读文本来检测学生认读生字正确与否,并相机正音。

第二环节,借助文本,复现生字,理解字义。

第三环节,巩固阶段,检测生字识记情况。可以单独出示字卡,也可以将生字放置于新的语境(儿歌、小短文)中,巩固生字识记。

(2)揭示汉字规律,积累识字方法。仔细研读识字教材,我们会发现很多文本藏着汉字的一些构字规律或识字方法,如《日月水火》是象形字识字,《日月明》是会意字识字,《小青蛙》揭示形声字声旁表音的构字特点,《动物儿歌》《操场上》《树之歌》揭示形声字形旁表意的构字特点……这些资源都可以帮助学生了解汉字的构字规律,积累识字方法,教师在教学时要借助文本,帮助学生发现规律,掌握方法。

 课堂现场链接

《树之歌》教学片段

一、圈画认读生字,借助学习词语巩固生字

师:课文里藏着很多树,你们能找到这些树吗?请把它们圈出来。

(自由读 — 学生交流读 — 课件上圈)

相机正音。

借助资料,认识树,认读生字"松柏"。

出示资料卡:松柏是四季常绿的树木。认读词语,再读字卡"松、柏"。

认读"水杉"。

水杉也是一种树,它是非常珍稀的树种,在恐龙时期就已经出现了,一

直生活到现在。

再读巩固：有这么多的树，我们赶紧读一读。

榕树　　梧桐　　枫树

桦树　　金桂　　柏树

二、集中识字，发现规律

师：看，生字宝宝从词语里跳出来了，你还认识它们吗？

榕　梧　桐　枫

桦　桂　柏

师：读着读着，你发现了什么？（预设：左右结构；木字旁；形声字）

教师小结：你们瞧，带有木字旁的字一般与树木有关。

师：除了发现它们和树有关，还发现了什么？

生：榕的右边是容，它就读榕；桐的右边是同，它就读桐……

师：木字旁表示它们是树木，右边部分提示字的读音，看着右边的字就能猜出整个字的读音。这可真是一个好办法，赶紧和同桌读一读吧！

……

师：像这样，偏旁表示意思，另一半表示读音的，我们叫它形声字。像这样的字还有很多！你来猜猜它们是什么树？（多媒体出示图片和文字：榆树、橡树、楠树、棕树）

2. 关注文本的文化价值

在本目开篇的"教材编排分析"中，我们谈到识字教材蕴含着丰富的文化资源。在"集中识字"单元教学时，我们不仅要完成识字写字教学的任务，还要自觉承担起传承中华文化的使命。因此，教师要关注识字教材中的文化价值。

（1）汉字文化。汉字是传承和弘扬中华文化的重要载体，是中华民族的基本标识，让学生从小了解汉字文化，热爱中国汉字，对于培养民族文化的认同感具有深远意义。"集中识字"单元编排了象形字识字《日月水火》、会意字识字《日月明》,不仅为学生识字提供了优良的学习材料,同时也向学生渗透了汉字文化,是让学生感受汉字之美的绝佳资源。如《日月水火》象形识字的课文,要关注图画、古文字、现代汉字之间的联系,引导学生在反复诵读中识记汉字,领悟象形字"观物取象,以象示意"的特点,感受汉字背后的文化。教学《日月明》一课时通过诵读三字韵文,观察、发现会意字两个部件之间的关系,领悟会意字"比类合谊"的特点。如有教师在教学《日月明》的内容之前,先复习《日月水火》,带领学生再次感受象形字描摹事物的特点,为学习会意字做好铺垫,接着分层识字,引导学生初步感受会意字的构字特点。其教学片段如下:

生(齐读):日月明,田力男。小大尖,小土尘。

师:请仔细观察每一句的前两个字和第三个生字有什么关系,猜一猜前两个字合起来表达的是什么意思。

学生交流自己的发现,教师相机引导学习"日月明":白天,太阳给大地带来了光明;夜晚,月亮给大地带来了光明。"日""月"这两个字都有"光明"的意思,合在一起也表示"光明"的意思,"明"就是 —— 光明、明亮。

教师小结:两个汉字合在一起组成新的字,意思也合在一起。看着"明"左右两部分,就能猜出它的意思,真有趣!我们再来读读这句儿歌吧!

师:读读下面三句儿歌,猜猜"男、尖、尘"的意思。

(2)传统文学文化。多形式诵读教材中的儿歌、对韵、《三字经》等类型的文本,除了能不断复现生字,帮助巩固生字,还可以让学生感受到传统文学语言的音韵之美,了解传统文学的独特表达形式。如《春夏秋冬》中"池草青 山花红 鱼出水 鸟入林"这一组词串隐藏着对子的文化元素,教师可采用师生合作对读方式开展教学:

师：池草对什么？

生：池草对山花。

师：池草青对什么？

生：池草青对山花红。

师：鱼对什么？

生：鱼对鸟。

师：鱼出水对什么？

生：鱼出水对鸟入林。

教学《对韵歌》和《古对今》，也可以采用师生对读的方式，感受对子的韵味，还可以在复习巩固阶段，让学生到对联当中找一找对子，感受对子文化对百姓生活的影响。

《人之初》选自《三字经》，三字一行，格式工整，句尾押韵，读起来朗朗上口，因而受到儿童喜欢，适合学生诵读。追溯《三字经》历史，它是由宁波鄞县（今鄞州区）王应麟创作的，后来成为私塾教材，并在民间流传开。因其诞生之地是宁波，最早由当地人用宁波话吟诵，平仄押韵更为贴切。于是，笔者在执教这一课时，在课尾介绍了这一段历史，并让学生聆听了宁波话版的《人之初》，让学生感受了传统的语言表达艺术。

（3）传统民俗文化。二年级下册《传统节日》从春节到重阳节，涵盖了一年四季中国传统节日的风俗习惯。传统节日的形成是一个民族或国家历史文化长期积淀凝聚的过程。传统节日是我国悠久历史文化的一个重要组成部分。学习本课对学生了解、记住本民族的传统文化，无疑具有重要意义。一年级下册的《姓氏歌》取自《百家姓》。《百家姓》采用四言体例，对姓氏进行了排列，而且句句押韵，因而被视为古代蒙学识字的经典之一。而且《百家姓》对中国姓氏文化的传承、中国文化的认知等方面都起了巨大作用，这也是《百家姓》能够流传千百年的一个重要因素。因此,在教学《姓氏歌》一课时,不可忽略文本的这些价值,教师要有意识地让学生了解我国姓氏在血脉传承上的意义,了解传统的姓氏文化,并引导学生将姓氏的介绍方法运用到与人的交往之中。

(4)传统哲学观道德观。很多识字文本不仅具有识字的功能,还具有丰富的人文价值。选自《三字经》的课文《人之初》强调了"教"与"学"的重要性。《天地人》取自《三字经》的"三才者,天地人",寥寥几个字,却凝聚着中华民族最为核心的世界观。教材虽然只取了"天、地、人"三个字,凸显的却是中国文化中"天地之间人为贵"的核心思想,不仅反映了中华文化对天地自然的敬畏、对人的尊重,也反映了自然与人和谐相处的思想。而《金木水火土》的文化背景是老子的《道德经》,"道生一,一生二,二生三,三生万物。万物负阴而抱阳,冲气以为和",体现了传统的世界观和哲学观,其中以"金木水火土"为代表的万物相生相克的观念一直到现在仍然与百姓的生活息息相关。

在教学中,教师要让教材发挥更大的作用,关注文本的文化背景,挖掘、发挥其人文价值,让教学的文化气息深厚起来。

 课堂现场链接

《姓氏歌》第一课时

执教者:特级教师　张敏华

一、谈话导入,了解姓氏起源

师:小朋友们,第一次见面,我先介绍一下自己:我姓——张,我爸爸姓张,我爷爷姓张,我太爷爷也姓——

生(齐):张!

师：你们从中发现了一个什么秘密？

生：你们家族全部是姓张的。

生：你们家全部和爸爸姓一样的姓。

师：这个大秘密被你们发现了，真了不起。我猜你们班也有姓张的小朋友，张老师猜得对不对？我还猜出来你们班有三个姓张的小朋友，我猜得对不对？

（学生惊讶而佩服地望着老师。实际上，课前老师做了班级学生姓氏调查，了解到班级里有三位姓张的小朋友）

师：来，请姓张的小朋友站起来。我来采访一下这位同学，你姓什么？

生：我姓张。

师：你爸爸姓什么？

生：我爸爸姓张。

师：你爷爷姓什么？

生：我爷爷也姓张。

师：你太爷爷姓什么？

生：不知道！

（老师和学生都开心大笑）

师：大家告诉他，他太爷爷姓什么？

生（齐）：太爷爷也姓张。

师：咦？现在你们又发现了什么秘密呢？

生：他的家族和老师的家族都是姓张的。

师：是呀，我们的太爷爷姓张，我们的太太爷爷也姓张。说明在很多年前，我们有同一个祖先。姓氏代表了一个家族的血缘关系。

（教师出示字卡：姓）

师：这个字你会读吗？

（学生轮流读字卡，然后全班齐读）

师:姓也叫——姓氏。

(出示词卡:姓氏。学生认读词语)

师:在我国有5000多种姓氏哪!今天我们就来学习和姓氏有关的儿歌。读课题——

生:《姓氏歌》。

师:"姓"是我们要学写的生字。谁有好办法记住这个字?

生:一个女生。

师:你用的是猜字谜的方法。还有吗?

生:"生"加女字旁就是"姓"。

师:是的,这个办法也很好。来,伸出小手,我们一起写好"姓"。

(教师板书,学生书空)

师:请大家在田字格里端端正正地写一个"姓"。看看谁的写字姿势最棒,坐得正,字也写得正。

(学生书写"姓")

二、初读儿歌,读准字音,读好节奏

师:现在就让我们打开课文,认认真真地把课文读一遍,争取字字正确。

(学生自由读课文)

师:第二遍我们这样读,把课文里面的生字圈出来,一边圈一边读。

(教师在实物投影仪上略加示范,学生圈画生字并认读)

师:来,我们请这位小朋友上来,领着大家读一读他圈出来的生字。

(一位学生站在投影仪前,领读生字,其余学生跟读)

师:真棒!谢谢小老师。现在再读课文一定能更流利了。请大家完完整整地再读一遍。

(学生自由读课文)

师:小朋友,课文读得怎么样了,谁愿意读给大家听?选一组"开火车"来读,其他小朋友注意听,他们有没有读正确。

（学生"开火车"读第一节儿歌，一人读一行）

师：难度加大，接下去一个人读两行，谁来试试？

（某生读"赵、钱、孙、李，周、吴、郑、王"，没有注意顿号的停顿）

师：小朋友瞧——这里有几个像小雨点一样的符号，你们知道叫什么吗？

生（齐）：顿号。

师：是的。读顿号的时候，字和字、词和词之间要像小雨点滴下来一样的，轻轻地停一下，滴答、滴答。谁来试试？——我还是请刚才这位同学。

（该生再读，读得停顿恰当，正确流利）

师：哇，真厉害，有进步！学着她的样子，我们一起读！

三、认读姓氏，认识单姓、复姓

师：真棒！越读越好了。课文介绍了哪些姓氏呢？请你拿起笔把它圈出来。

（学生自由读课文，并圈出姓氏）

师：我看到有小朋友们圈的姓氏不一样。这是陈××小朋友圈的（投影展示，该生未圈出最后两行的复姓），请他领着我们读一读。

（学生领读姓氏）

师：姓氏全圈出来了吗？下面的两行是姓氏吗？

生：她没有圈完整，下面两行也是姓氏。

师（投影展示）：严××小朋友把下面的姓氏也圈出来了。请你来领读——

（学生领读后两行的复姓）

师：你们都圈对了吗？没圈对的赶紧改一改。

（学生自由修改圈的姓氏）

师：姓氏从课文当中跑出来了，你还认识吗？来，挺一挺你的小腰板，这样能读得更加好听。出示：

李　张　胡　吴　徐　许　赵

钱　孙　周　吴　钱　郑　王
东方　欧阳　上官　诸葛

（学生认读屏幕中出示的姓氏，教师相机指导读音）

师：小朋友发现了吗？上面的姓氏和下面的姓氏有什么不同？

生：上面是一个字的姓，下面是两个字的姓。

师：是的。一个字的姓，我们就称它——

生（齐）：单姓。

师：两个字的就叫——

生（齐）：复姓。

师：在生活中或者在你读过的故事中，有没有复姓的人？

生：我知道《三国演义》里蜀国的军师，叫诸葛亮。

师：真厉害，见多识广。

生：还有司马光。

师：对啊，我们学过的课文中（出示司马光砸缸图）这个砸缸的小朋友就是——

生（齐）：司马光。

师：他姓——

生（齐）：司马。

师：还有刚才小朋友说的，这位机智勇敢的人叫（出示诸葛亮图）——

生（齐）：诸葛亮。

师：他姓——

生（齐）：诸葛。

四、借助姓氏识字，学习如何介绍姓氏

师：中国姓氏可真有趣。那课文是怎样向我们介绍姓氏的呢？来读读这一节儿歌。

（学生自由读第一节）

师：我们还可以用"问问答答"的方式来读课文。我来问，你们答。

（老师读问句，学生读答句，读得饶有兴趣）

师：有趣吗？同桌之间你来问他来答。

（同桌合作一问一答，读得投入）

师：刚才我们一问一答地读了这部分儿歌。这里向我们介绍了哪两种姓氏呢？

生：李、张。

（出示字卡，认读生字：李、张）

师：我知道，我们班有小朋友姓李，我猜得对不对？来，请站起来。请小李同学上来。高高举起你的姓氏。领着大家读一读。

（李同学自豪地接过字卡，高举过头领读，其他学生跟读）

师：请这位张同学也上来，高高举起你的姓氏，领着读。

（张同学接过字卡，高举过头，领着全体同学读）

师（面对李同学）：现在我来问，你来答。你姓什么？

生：我姓李。

师：什么李？

生：木子李。

师（面对张同学）：你姓什么？

生：我姓张。

师：什么张？

生：弓长张。

师（面对全体同学）：你们会问了吗？我们一起来问问他们。

（全体学生兴奋地指着站在讲台上的同学问，台上的学生响亮地回答）

师：问得好，答得也好。现在我来问你们（指着李同学，问全体学生）他姓什么？

生（齐）：他姓李。

师：什么李？

生（齐）：木子李。

师（指着张同学）：他姓什么？

生（齐）：他姓张。

师：什么张？

生（齐）：弓长张。

师：真好，我们记住了两个姓。我把它们请到黑板上。（板贴字卡：李、张）小朋友，刚才我们是用什么方法记住李和张两个姓氏的呢？

生：加一加的办法。木加子是李，弓加长就是张。

师：是的，"张"字里有一个新学的偏旁。（板书：弓字旁）我们叫它——弓字旁。刚才我们就是用加一加的办法记住了这两个姓氏。（板贴：加一加）用这个办法，我们还可以记住这些姓氏。

（出示字卡：胡、吴、许。学生根据字卡依次回答：古月胡，口天吴，言午许）

师：我来问，你来答。（出示字卡：胡）他姓什么？

生（齐）：他姓胡。

师：什么胡？

生（齐）：古月胡。

（按照问答的形式，师生合作说姓氏：吴、许。板贴字卡：胡、吴、许）

师：还有一个姓，我们用什么办法介绍它呢？（出示字卡：徐）

生：双人徐。

师：这是什么办法？

生：是用它的偏旁来记的。

师：是呀，说说它的偏旁就记住了。（板贴：说偏旁）

师：我们还可以用说偏旁的方法介绍其他的字呢！（出示：何）我猜你们班一定有姓何的小朋友，我把这个机会让给何同学。何同学，你能用说偏旁的办法来介绍你的姓吗？

生：单人何。

师：是的，一起说。

生（齐）：单人何。

师：这个姓读（出示：刘）——

生（齐）：刘。

师：姓刘的小朋友是谁？介绍介绍你的姓吧。

生：文刀刘。

师：文刀刘，这是什么办法？

生：加一加。

师：还可以用说偏旁的方法来介绍呢！我们一起读（出示：立刀刘）——

生（齐）：立刀刘。

师：看来一个姓氏还可以有几种方法来介绍呢！

师：谁来介绍这个姓？（出示：黄）

生：草头黄。

师：这么厉害啊，你是不是姓黄的啊？不是姓黄的也能说出来，真好！我们一起来说——

生：草头黄！

师：看，我们又学习了一种介绍姓氏的方法。现在再来读这部分课文，一定能读得更好！

（学生齐读第一小节）

师：读得越来越流利了。什么时候我们需要向别人介绍自己的姓氏呢？

生：不认识别人的时候。

师：不认识别人，但又很想与他交朋友，就要介绍姓氏。瞧，一个双休日，两个小朋友在儿童乐园碰面了。他们想认识对方，看看他们是怎么互相介绍自己的姓氏的。（播放动画）

（学生认真看着大屏幕，仔细听对话）

方:"你姓什么?"

钱:"我姓钱。"

方:"什么钱?"

钱:"金钱的钱。"

钱:"你姓什么?"

方:"我姓方。"

钱:"什么方?"

方:"方向的方。"

师:他们是用什么办法介绍自己的姓的?

生:组词。

师:是啊!还可以用组词的方法介绍姓氏哦。(板贴:组词)

师(指着板书):学到这里,我们知道介绍自己的姓氏,可以采用这些方法——

生:加一加、说偏旁、组词。

师:现在,你可以用其中的一种方法来介绍自己的姓氏吗?谁愿意和我互相介绍?

(指名一位学生上台与老师合作介绍自己的姓氏。介绍完毕,教师与小朋友握手并说:"谢谢你,很高兴认识你!")

师:小朋友,我们俩介绍得怎么样?

生:介绍得很好,他用了"组词法",老师用了"加一加"的方法。

师:谢谢你的鼓励。哎,你们注意到了吗?我们礼仪上做得怎么样?

生:很有礼貌。介绍完了,说了"谢谢你,很高兴认识你",还握了手。

师:那你能不能学着这样的方法,来介绍介绍自己的姓氏?请同桌小朋友站起来互相介绍一下,开始吧!

(同桌纷纷起立,自主开展相互介绍活动)

师:谁愿意上来为大家展示一下?

(学生纷纷举手。教师指名一位陈同学和一位封同学相互介绍)

师：他们分别是用什么方法介绍自己的姓的呢？

生：封××用了组词的方法。

师：哦，一封信的封，用了组词法。陈同学用了什么方法？

生：耳东陈，用了加一加的方法。

师：是啊！你们看，这样就可以认识新朋友了！今天听课现场还来了很多老师，你们想认识他们吗？

(全体学生大声喊：想！)

师：那就给大家一个机会，找离你最近的老师去认识认识。

(学生纷纷离席找老师，与听课教师开展相互介绍活动。结束之后，张老师采访学生，认识了什么老师，他是怎么介绍自己的姓氏的。课堂气氛达到高潮)

五、书写汉字，巩固识字，溯源姓氏文化

师：我们还要写两个字。这两个字读（出示：什、么）——

生（齐）：什、么。

(学生在田字格上认真书写"什么"，写后在实物投影仪上反馈)

师：小朋友们，现在课文中的生字宝宝出来了，你还认识它们吗？

(学生依次齐读屏幕中出现的生字)

师：在古代，一个姓张的人，我们可以称为——

(课件展示"张"和"氏"两个字靠拢，组成"张氏")

生（齐）：张氏。

师：那么姓李的人，我们可以称为——

生（齐）：李氏。

师：还有（出示：周氏、吴氏、赵氏、钱氏、王氏、孙氏）——

(学生依次读)

师：在很久以前，一个姓张的小姐，嫁到姓钱的人家去了，你猜，之后她姓什么呢?

(动画演示,两个卡通人物慢慢走到一起,学生好奇地看着)

师:姓张的小姐就不叫张小姐,而叫——钱张氏。

(出示:钱张氏。学生笑,齐声读:钱张氏)

师:所以在古代结了婚的女子中就出现了这样一些姓——

(屏幕出示:周赵氏、孙吴氏、郑王氏。学生依次齐读屏幕出示的姓氏)

师:小朋友,你妈妈姓——

生:我妈妈姓郭。

师:你爸爸姓什么?

生:俞。

师:如果是在以前,你妈妈跟你爸爸结婚,应该叫什么?

生:俞郭氏。

(全体学生开怀大笑,这位学生也开心地笑了)

师:那现在还会不会这样?

生:不会!

师:是啊,古代女孩子没地位,结了婚就要姓男方的姓,现在你们家谁地位高?

生(齐):妈妈!

(全场笑声)

师:我们中国姓氏多有趣啊。古人把我们中国500多个姓都编到一本书里面去了。

(大屏幕出示《百家姓》)

师:哇,那么多姓氏。找一找你的姓。

(学生兴奋地在屏幕上找自己的姓)

师:有的小朋友还没有找到自己的姓氏,不要着急。老师编了一首儿歌,把全班小朋友的姓氏都编进去了,我们来听一听:

赵李石宋,周吴郑王。

邹于胡董,邬徐鄢杨。

陆罗余陈,应谢叶张。

……

我们是中华好儿郎,

好——儿——郎!

(在音乐节律中,学生一边打节奏,一边读儿歌。下课)

《金木水火土》教学片段

一、基础识字"一二三四五"

教师出示字卡"一、二、三"。(指名读,齐读,重点读,指导读:二)

指导书写"一、二、三",发现数字的特点。

师:哦,我明白了,接下去我会写了,"四"就是写四横,"五"就是写五横。

生:不对,照这样下去"二十",要写二十横,"百"要写一百横,一个百字就要写好久,也没那么大地方写。

师:是的,从"三"之后,我们的汉字就有了变化,所以古人说"一生二,二生三,三生万物"。汉字数字从"三"之后开始有了变化。

出示字卡"四、五"。(跟读,齐读,"开火车"读)

二、了解五行相生相克的关系

师:小朋友,你有没有想过,"金木水火土"五个生字宝宝为什么这样排队?(提示:看一看图片,想一想)

生1:我知道水能灭火,所以水在前面。

师:可真聪明,这个小朋友给我们带来了启发。来,请看。("金木水火土"对应张贴图片:斧头砍木头、大坝拦水、水泼灭火、火烧土)

生2:金变成了斧头,它可以伐木,所以木怕金。土筑成水坝拦住了水,所以水怕土。水可以泼灭火,所以火怕水。火会燃烧,把一些东西烧成灰烬,所以土怕火。

生3:就像我们小朋友排队一样,后一个跟着前一个,前一个可以关照后面的小朋友,这样队伍才能整齐。

师:说得真好,这五个生字宝宝有一个共同的名字叫——五行。正如小朋友所说,古人考虑到它们之间相互害怕的关系,所以这么排好了队。我们连起来一起读——金木水火土。(指名读)

第五节　写字教学

"人生聪明写字始",第一学段是小学生写字之始,也是写字教学的关键时期。基于"认写分开,多认少写"的基本精神,统编本教材置后拼音,调整字表,突出笔顺,强调规则,呈现汉字之美。新增设了"认识田字格""点在正上方或左上方,先写点。点在右上方,后写点。左上包围和右上包围的字先外后内……"这些以前不曾见过的笔顺规则;一个个新笔画的呈现框以及一幅幅精美的小贴士,无不表现出统编本教材对写字教学的高度重视。

一、教材编排特点

统编本教材从一年级开始就十分重视写字基本功和书写习惯的培养。一年级要求正确书写300个汉字,比之前的教材(350个)少了50个。要求写的字,优先选择构词率较高,笔画较简单的字。新笔画的呈现遵循从易到难的原则,如:先学写提,然后学竖提,再学写横折提。新增的"书写提示"强调汉字书写的基本规则,强调正确的写字姿势和良好的写字习惯,为后续年级学生写字能力的培养及习惯养成打下基础。统编本教材第一学段写字的教学内容如下:

写字量	一年级300个,二年级500个,累计800个
笔画	点、横、竖、撇、捺、提、折、钩8种
汉字结构	1. 认识田字格 2. 独体字、左右结构、上下结构、半包围结构、全包围结构

续表

笔顺规则（一年级上、下册）	1. 从上到下，先横后竖（一上 P16） 2. 从左到右，先撇后捺（一上 P77） 3. 先外后内，先中间后两边（一上 P113） 4. 先外后内再封口（一下 P13） 5. 点在正上方或左上方，先写点。点在右上方，后写点（一下 P52） 6. 左上包围和右上包围的字先外后内（一下 P99）
书写要领（二年级上、下册）	1. 有的字左边窄，右边宽；有的字左边宽，右边窄（二上 P13） 2. 有的字左边短，右边长；有的字左边长，右边短（二上 P69） 3. 有的字左右两边宽窄大致相等（二上 P110） 4. 左上包围的字，书写时包围部分的撇画要写得伸展；左下包围的字，书写时包围部分的捺画要写得伸展（二下 P13） 5. 全包围的字，要把国字框写得方正，框内部分的大小要合适；三包围的字，包围部分与被包围部分大小要写得协调（二下 P55） 6. 有的字变成偏旁后，某些笔画的大小和形态要发生变化；有的字变成偏旁后，笔顺也发生了变化（二下 P100）
写字要求	1. 写字姿势：放正本、坐端正、握好笔 2. 写字标准：规范、端正、整洁 3. 写字习惯：看着写、专心写、经常写

纵观统编本教材第一学段写字教学内容，编排体现了由易到难、由简单到复杂的书写规律，提示我们要站在学生的立场，用学生的眼光去感受汉字的形体结构，用学生乐于接受的方式开展写字教学。起始年级的写字教学重在准确把握低年级学生的身心特点，不仅要帮助学生在写字能力上打好基础，更要在兴趣、方法、习惯等方面做好引导。因此，在写字教学中要放慢速度，放缓坡度，给足时间，静待成长。

二、教学策略

（一）比较分析，掌握要领

1. 借助田字格，找准字的位置

统编本教材在学生第一次写字时就明确地呈现了"认识田字格"的栏目，为今后学生书写方方正正的汉字打下基础。学生初学写字，写出来的字常常结构松散,大小不一,有的"顶天立地",有的"缩手缩脚",老师可以告诉学生:田字格的一条横中线、一条竖中线,把田字格分出了上半格、下半格、左半格、右半格。中线是安排笔画的重要标尺,以横中线和竖中线为参照物找准笔画位置是写好字的关键。认识田字格、用好田字格是小学生开始写字必然要经历的第一步。只有多练多写,才能逐步掌握汉字的整体布局和框架结构。

要想字写端正,第一笔的定位非常重要,它是一个字的准心,如果第一笔定位错了、写偏斜了,那整个字就很难写端正。所以,在写字教学的起笔阶段,要重点教学对汉字整体的观察和认知。重视关键笔画,许多字主笔直接压在横中线或竖中线上,如"十""山"等。还有的在中线附近,如"厂"首横在横中线上三分之一处,"自"的末横在横中线下面的三分之二处。像"立"字,首笔在竖中心线上。"全""半"竖画构成字的中心线,其他笔画均匀分布。

2.练好基本笔画,观察线条的变化

统编本教材将笔画"提"安排到一年级上册第13页,这实际上强化了汉字基本笔画的书写,"点、横、竖、撇、捺、提、折、钩"是构成汉字的8种主要笔画,教材在学生学写汉字之初就将其集中呈现,这为之后书写各汉字部件夯实了基本功。教材每逢出现要掌握的新笔画时,就会将该笔画标红呈现在生字的左前方。这不光是要让学生认识其笔画名称,更重要的是要学生掌握笔画书写时的起笔、运笔、收笔以及所占的田字格位置。这也就是书写基本笔画的基本技能。

笔画是汉字的最小部件,书写时不但要观察笔画的位置,还要看清笔画的基本形态。如一年级下册《小猴子下山》一课中,"瓜""块"和"进"三个字中都有相同的笔画捺,但同样是捺,"瓜、块"是斜捺,而"进"是平捺。教学时可用课件点红这三个字的捺,并让学生动笔在自己的书上描一描,比较有什么不同。通过视觉观察和描红比较,学生会发现:捺的长短、倾斜度不同,斜捺如滑梯,起笔向右下重按出锋,平捺一波三折,平稳地托住上面的字。通过聚焦对比,斜捺和平捺的细微特征被凸显放大,学生对捺的形态会有更准确、更具体的感知,在写捺的时候才会有所区别,有所变化。

3.突出形近笔画的对比

学生在书写过程中对形近笔画的掌握是书写的难点之一,为此统编本教材在形近笔画的对比方面体现得很充分。比如一年级上册《对韵歌》一课中,对两个新笔画——"云"字中的撇折与"山"字中的竖折进行了对比。撇折在书写时要斜着压下去,是撇的起笔写法,"竖折"是直直地写下去,再折过来。细微的变化在单个字中很难发现,但在成组的对比之中就能得到凸显,增强教学效果。

(二)引导发现,揭示规律

汉字的书写讲究一定的笔顺,只有按顺序写字,才容易把握好字的结构。统编本教材十分重视笔画、笔顺的规范。一年级上册教材中每课后每个生字上方都标注了笔顺,使老师的书写指导有了明确的目标,学生的学习有了自学提示。此外,一年级上册《语文园地》的一、五、八中安排了"书写提示"新栏目,用"学习伙伴的发现"提示了汉字书写起步阶段的六条书写规则,重视汉字书写规律的揭示,引导学生观察结构相似并带有相同笔画的汉字,循序渐进地渗透了汉字书写的规则之美。这些独具匠心的编排都为指导学生写好汉字打好了扎实的基础。

1.感受独体字的形体美

汉字的书写富于变化,但依然有规律可循。对于小学生来说,汉字的书写规律不能靠灌输,而应引导其主动发现,自主建构,最终达到触类旁通、举一反三的效果。在教学一年级上册课文《画》中的"水"和"来"时,可以渗透先撇后捺的书写规则,同时有目的地引导学生特别关注撇、捺和竖的位置关系。用笔将这两个字的撇、竖、捺三点连成一条弧线,再让学生观察,要写好这两个字要特别注意什么。有了线条的参照,学生的观察就有了明确的方向。学生就不难发现撇和捺不能超过竖和竖钩;撇和捺就像妈妈身上穿的长裙子,但不能太长;撇、捺齐平,撇、捺比竖、竖钩短。然后翻开《写字表》去找一找,是不是所有的撇、捺和竖都是这样高低搭配。前面学过的"禾",后面还未学的"本、木"都符合这样的书写规律。最后再利用这个规律练写"水、来"。教学生观察,提高学生的观察能力。

2. 体会合体字的结构变化

教材编排者对第一学段每一册教材课文后面要写的字都进行了精心选择和排列,除了了解教材编排意图、掌握教学重点外,教师还应更多地从学生角度考量生字书写的难点、薄弱点。课后生字在指导上也并非均衡用力,根据学生的年龄特点和认知水平,从一年级下册到二年级上册以写好偏旁、部首为重点。对于合体字,在观察分析中要关注细节,将合体字细化为独体字、偏旁部首、基本笔画,从细节处体会技法、技巧的精微,教师有意识、有计划地适时培养和引导学生自己提出观察任务,促其多观察、多思考,从而逐渐减少对教师的依赖。

此外,教师应引导学生发现偏旁的变化,体会避让之美、穿插之妙、主次之分。如在教学一年级下册《古诗两首》生字"采"和"树"时,让学生发现两个字中都有"木"字,继而引导学生体会它们在田字格中占位的不同,让学生通过讨论的方式自主发现写字规律:"木"字当左偏旁时字形变得长、窄;"木"字当字底时字形扁、宽。再观察关键笔画变化,学生不难发现"木"字旁书写时横较短,左右两部分结构紧凑;"木"字底书写时横较长,支撑字的上半部分。

(三)重视"导写",关注良好习惯养成

第一学段的学生写字刚起步,此时学生的书写活动不应是随意的,而需要教师"导写"。统编本教材把对学生的书写要求具体地用"小贴示"的形式呈现。一、二年级每册教材各出现三次写字"小贴士"。例如一年级上册第8页提示笔画在田字格中所居的位置;第16页提醒坐姿、握姿,提示从上到下、先横后竖的笔顺规则；第 77 页提示从左到右、先撇后捺的笔顺规则。二年级上册教材在《语文园地八》的"书写提示"中提出"先看后写,才能减少修改次数,保持页面整洁",重在培养学生良好的习惯。

1. 养成正确"双姿"

第一学段每册统编本教材都会强调"写字时要保持正确的坐姿和执笔姿势"。低年级培养学生良好书写习惯很难,要细化和分解以后再去做。比如教师可在实物投影上,一边说一边演示右手该怎样握笔,左手怎么压,字写起来怎样方便,双脚怎样摆,让孩子的小胳膊来帮忙,这是需要经常念叨的,甚至需要手把手地去教孩子,低年级的老师很有必要把精力放到这一块,甚至需要持续地关注。执笔要五指到位,指实掌虚,老师边示范边喊口令"一捏、二托、三垫、四靠",学生跟着执笔、放下,执笔、放下,并结合坐姿的三个"一"(一寸一拳一尺)和八个字(头正、身正、臂开、足平)练习,也可编成儿歌:"我们来做写字操。头摆正,肩放平。手打开,背要挺。食指拇指捏着,三指四指托着,小指在后藏着,笔尖向前斜着,笔杆向后靠着。"这样变着花样有念有练,学生学得轻松,也乐意接受训练。

2. 提笔即练字时

统编本教材对每个字重复练写的次数都是三次,一年级上册描红两遍,独立练写一遍。一年级下册描红一遍,独立练写两遍。在平时书写指导时,笔者一般先安排学生把生字描红一个写一个,然后进行第一次反馈,与范字做比较,改进再写。描红前要求学生看准、想好再写,尽量少用橡皮,最好不用。描红时做到笔笔吻合,一笔到位。课堂上老师要舍得花时间对学生进行描红训练,让学生一边描,一边记忆各种笔画在田字格中的位置,感受各部分之间的关系,这样字形就不会写散了。学生书写时,教师要巡视,发现问题及时指导,同时及时纠正学生的写字姿势。根据学生的年龄特点,书写训练应当调整节奏。姿势正确了再正式开始写字,姿势不正确就暂缓写字。同时,对书写姿势进行现场评价。

3. 精讲适练写规范

写字教学必须保证充足的时间，让学生做学写汉字的主人，必须保证学写的过程都是学生亲历。《义务教育语文课程标准》提示第一、第二、第三学段，要在每节语文课中安排10分钟指导学生随堂练习写汉字，做到天天练。10分钟练字的时间可以分散在课堂的各个环节中，形式可以多样。基于这样的认识，在教学中教师还可教学生运用"五步练习法"自主临摹范字，"一看（观察范字形态特点），二想（思考范字的书写要领），三写（先临写一个范字），四比（对照范字找出缺点），五改（再次临写，不断改进）"，再写、再对比、再改进，直至达到熟练。教师还应注重学法指导，培养和锻炼学生的观察能力，让学生把写字当成一种快乐、一种美的享受。

统编本教材写字板块突出了以学生书写为主体。有书写思维伴随的练字，书写质量肯定更好，书写技能提升更快，学生能平稳度过幼小衔接书写期。

（本节由王超供稿）

第二章

阅读篇

第一节　阅读教学目标解析

阅读教学承载着培养学生阅读兴趣、良好的阅读习惯和阅读能力,学习语文基础知识,培养语文能力等重要任务。第一学段是学生学习阅读的起步阶段,关系到学生语文学习的长远发展,因此阅读教学在小学第一学段语文教学中显现出极其重要的地位。

《义务教育语文课程标准》提出第一学段对阅读的要求是:

1. 喜欢阅读,感受阅读的乐趣。养成爱护图书的习惯。

2. 学习用普通话正确、流利、有感情地朗读课文。学习默读。

3. 结合上下文和生活实际了解课文中词句的意思,在阅读中积累词语。借助读物中的图画阅读。

4. 阅读浅近的童话、寓言、故事,向往美好的情境,关心自然和生命,对感兴趣的人物和事件有自己的感受和想法,并乐于与人交流。

5. 诵读儿歌、儿童诗和浅近的古诗,展开想象,获得初步的情感体验,感受语言的优美。

6. 认识课文中出现的常用标点符号。在阅读中体会句号、问号、感叹号所表达的不同语气。

7. 积累自己喜欢的成语和格言警句。背诵优秀诗文50篇(段)。课外阅读总量不少于5万字。

《义务教育语文课程标准》第一学段"阅读"的要求体现了以下几方面的特点:

一、重视阅读兴趣的培养

《义务教育语文课程标准》将培养学生的阅读兴趣放在阅读目标的第一条，足以看出对培养第一学段学生阅读兴趣的重视程度。低年级是人生阅读的起点，也是阅读的第一阶段，在这个阶段培养浓厚的阅读兴趣与良好的阅读习惯，将影响孩子的一生，因而至关重要。《义务教育语文课程标准》还根据儿童的心理特点提出："阅读浅近的童话、寓言、故事"，"诵读儿歌、儿童诗和浅近的古诗"，"借助读物中的图画阅读"。显然这些类型的阅读文本是符合儿童阅读兴趣的。而从"浅近"一词不难看出，这样的要求是为了保护儿童的阅读兴趣，为了不使儿童在阅读起步阶段产生畏难情绪，而让他们从浅近的阅读中体会到阅读的愉悦和成功感。同理，提出"借助读物中的图画阅读"也符合低龄儿童的阅读能力和阅读心理。

"向往美好的情境，关心自然和生命"是从阅读陶冶儿童高尚情操的角度提出的，也指明了阅读的方向和价值。"喜欢阅读""爱护图书"既是重要的阅读习惯，也是美好情操和健康人格的体现。《义务教育语文课程标准》还提出了阅读的总量为 5 万字，从总量上进行调控，以提升儿童阅读的效果。

在《义务教育语文课程标准》理念指引之下，统编本教材在重视阅读上下足了功夫：提出"三位一体"阅读体系的理念，将课外阅读纳入课内教材，设置了"快乐读书吧"和"和大人一起读"（二年级改为"我爱阅读"）等栏目。

二、重视知识与能力训练

《义务教育语文课程标准》在"知识与能力"培养的目标上有一些具体要求：

（一）重视朗读能力训练

关于朗读，《义务教育语文课程标准》提出了"学习用普通话正确、流利、有感情地朗读课文"的要求。在教材中这一要求更细化，并在各个阶段有序推进：一年级上册主要训练"读正确"，读好句子的节奏，初步培养语感；一年级下册开始训练"分角色朗读";到了二年级下册才提出"有感情朗读"。

(二)培养阅读理解与思维能力

"诵读儿歌、儿童诗和浅近的古诗,展开想象,获得初步的情感体验,感受语言的优美",这是对阅读能力的要求。具体来看,"诵读""展开想象"是阅读的方法和过程,"获得初步的情感体验,感受语言的优美"是一种阅读能力。统编本教材还根据当前时代背景,对学生应具备的能力提出了"提取明显信息"以及"根据提取的信息,进行简单推理"的要求。这既是阅读能力的训练,也是思维能力的训练。

(三)关于语文知识的内容要求

1. 标点符号的学习

《义务教育语文课程标准》提出了"认识课文中出现的常用标点符号。在阅读中体会句号、问号、感叹号所表达的不同语气",指明了学习标点符号的方法和过程,还要求在阅读中体会表达的不同语气。对这些标点相关知识的落实,以语文要素的"点"分布在教材之中。

2. 词语的学习

"结合上下文和生活实际了解课文中词句的意思,在阅读中积累词语",提出了"了解词语"的方法是结合上下文和联系生活实际,重视在阅读中积累词语。在教学中应防止机械讲解词义,以及让学生机械地背诵和抄写。

三、强调语言积累

阅读要求中几处都提到了"积累"——"阅读中积累词语","积累自己喜欢的成语和格言警句"。这些要求意在改变原有的接受式的学习方式,建立和形成旨在充分调动、发挥学生主体性的学习方式。根据第一学段的学习目标和学生年龄、身心、思维的特点,教学中应以读为主,以读代讲。让学生在自读自悟中,在边读边想中,在相互讨论中,在小组交流中,在合作学习中动口、动脑、动手,学习朗读、默读,理解词句,培养语感,潜移默化地积累词句。

四、注重情感体验

《义务教育语文课程标准》中提到了"对感兴趣的人物和事件有自己的感受和想法,并乐于与人交流","获得初步的情感体验,感受语言的优美"。在第一学段提出"获得初步的情感体验","乐于与人交流",是着眼于学生今后的阅读能力发展以及社会交往能力的需要。阅读是个性化的行为,注重学生的情感体验,既是阅读目标又是阅读的方式。学生在阅读活动中与文本中的人物、角色对话,产生情感上的喜乐哀愁,随着情节的跌宕起伏,情绪也随之波动,这是阅读的收获,也是推动学生产生进一步阅读期待的动力,而阅读的能力也从中得到锻炼和提升。教师要放开手脚,给学生充足的时间,让学生充分地投入身心,选择自己喜欢的阅读方式,去感受和体验。教师还要搭建平台,创造机会让学生相互分享阅读的收获。

第二节　教材编排特点分析

阅读教学在教材中安排在以下几个主要板块：

1. 课内阅读：课文。

2. 课外阅读指导："快乐读书吧""和大人一起读"（一年级）、"我爱阅读"（二年级）。

将课外阅读指导纳入课程，是统编本教材的一大创举，本书将在之后的章节进行专门阐述。在本节先谈谈课内阅读教学，即课文板块教学。

课文板块在教材中所占比例最大，并有逐年加大分量的趋势：一年级上册安排了 14 篇课文；一年级下册有 21 篇课文；二年级上册有 24 篇课文；二年级下册有 25 篇课文。统编本教材课文单元的编排特色如下：

一、双线组织教材

2001 年新一轮课改初期全国出现了多种版本的教材，而这些教材大多以主题组织单元结构，主要是人文主题，选文只考虑是否符合本单元的内容主题，难以顾及本单元所要学习的语文知识和能力，导致语文教学出现了只顾人文主题而忽略语文学科性质特点的现象。2011 年修订后的《义务教育语文课程标准》提出了"语文课程是一门学习语言文字运用的综合性、实践性课程"，在此理念的指导之下，统编本教材采用了"双线组织单元"的形式：一条线是按照内容主题组织单元，但要求是宽泛的，即选文大致能体现内容主题即可；另一条线是按照语文要素主题，即将语文的各个基本要素，包括语文的基本知识、语文能力、语文学习策略和学习习惯以及表达等等，分成若干知识或能力的训练点，由浅入深、由易到难分布在各单元的课文或习题设计之中。

二、凸显语文要素

在"内容主题"和"语文要素"两条主线中，教材突显的是语文要素。教材根据各学期学生的特点，根据语文知识和能力目标整体组织教材，使教师易于把握，有的放矢地开展教学。课文板块主要的语文要素为：语文基础知识（字、词、句、标点符号等）、朗读、阅读及思维能力、积累与表达等几个方面。这些语文要素分成若干个知识或能力训练的点，由浅入深、由易及难，循序渐进，体现层次性，分布并体现在各个单元的课文或课后习题设计之中。下文将对几个主要语文要素在教材中的分布情况做具体分析。

（一）识字写字

识字写字分布在教材各个板块中：拼音（只有识字，没有安排写字）、集中识字、课文、《语文园地》。但在课文中所占比例最大（如下表），且逐年增加，到了二年级下册课文中的识字与写字分别占了整册识字、写字总量的69%和85.6%。这说明在课文中进行识字、写字是一项重要的教学内容，如何结合阅读教学进行识字、写字教学也成了教学研究的重要领域。本书将专门安排一个章节来讨论这个问题。

识字写字在各册课文板块中的分布情况（如下表所示）：

册次	识字	占整册识字比例	写字	占整册写字比例
一年级上册	147	49%	56	56%
一年级下册	253	63.3%	144	72%
二年级上册	318	71%	210	84%
二年级下册	313	69.6%	214	85.6%

(二)朗读和默读

1. 朗读。《义务教育语文课程标准》关于"朗读"的要求可概括为一句话:"学习用普通话正确、流利、有感情地朗读课文。"在人教版教材中,课后练习对朗读的要求大多数是"朗读课文"或"有感情朗读课文"等宽泛的要求,很多老师对第一学段朗读的目标概念也很模糊。统编本教材对于朗读的要求更为明确、细化,且分层落实,逐步提高要求(如下图所示)。

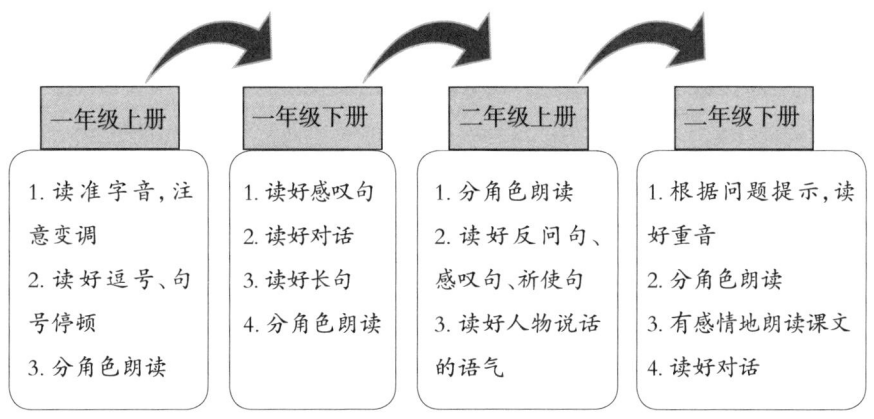

教学中要注意不要任意拔高朗读要求,注意前后目标的承接,分步落实,打好朗读基础,稳步提升,培养学生良好的语感。

2. 默读。《义务教育语文课程标准》提出第一学段"学习默读",落实到教材里,也是分步进行的。二年级上册第一次提出的默读是在《雪孩子》课后,要求是"默读课文,试着不出声",《纸船和风筝》课后再一次提出"试着不出声",这是因为学生刚刚开始学习默读,所以放宽要求。二年级下册进行默读能力的巩固,在《羿射九日》课后提出"默读课文,不要指读"。这之前,在《邓小平爷爷植树》课后,提出"默读第3自然段",《枫树上的喜鹊》课后提出"默读课文"。由此看出,二年级下学期对默读的要求明显提高,要求将默读运用于阅读实践活动。默读不仅是学习的内容,还是阅读的方式。

教学时要注意的是:在二年级上册第一次提出默读时,教师要亲身示范,让学生直观感受什么是默读;其次,虽然课后提出默读的只有上述几篇课文，但教师要时常在阅读中引导学生进行默读，以不断巩固默读，逐渐引导学生做到"不出声，不指读"，并且能运用默读，静心思考，深入阅读，完成阅读任务。

（三）初步培养阅读与思维能力

在一段时期里，语文教学成了重知识轻能力轻思维训练的重灾区。《义务教育语文课程标准》提出"语文课程应激发和培育学生热爱祖国语文的思想感情，引导学生丰富语言积累，培养语感，发展思维"，阅读能力与思维能力是语文核心素养的两大能力。统编本教材在编写上，着力于培养低年级学生的阅读能力与思维能力，为学生良好语文素养的形成和可持续性发展做了很多努力。

教材从一年级上册开始就致力于引导低年级学生学习阅读方法，培养阅读理解能力。一年级上册主要引导学生"带着问题边读边圈圈画画，找出课文中明显的信息"，而一年级下册要求"找出课文中的信息，根据信息做简单判断"。与上册相比，要求明显有了提升，找出信息之后，还要有自己的简单判断，结合阅读交流自己的体会。要达到这一目标，教学中需注意前期适当渗透，后期再进行重点训练。如一年级下册第一单元中《一个接一个》第一次提出相关要求，到了第二单元开始落实重点训练。如《树和喜鹊》课后提出要求："想一想树和喜鹊后来为什么很快乐。"要回答这个问题，学生不仅要读懂树和喜鹊从原来的"孤独"到后来的"快乐"这一心情发展变化的过程，还要能提取故事的主要信息。

从二年级上册开始，教材中出现"根据提示讲故事"的要求，到了二年级下册更是加大了练习的量。这不仅训练学生的表达，也训练学生整合信息的能力，是阅读与思维能力培养并举的有效训练途径。

（四）重视语言积累与运用

1.理解词语与体会表达效果。从一年级下册开始，教材对词语理解提出了要求：《树和喜鹊》《要下雨了》以提示语的形式，指导学生联系上文理解词语的意思。此外，在阅读活动中还提倡要学生联系生活理解词语的意思，如学习《四个太阳》一文时，可以让学生结合生活体验理解"温暖"和"冻僵"的意思。目标要求从理解词语的意思，逐步提高到体会词语的表达效果，如一年级下册《小公鸡和小鸭子》课后进行句子比较，体会词语的表达效果，二年级上册第一单元提出体会动词的准确性；二年级下册提出体会动词、形容词的表达效果等。

2.语言积累与运用。教材课后词语的呈现，除了让学生复习巩固生字词，还意在让学生积累词语。在内容编排上不是简单的罗列，而是对词语作了归类梳理。如《吃水不忘挖井人》中名词的积累，《我多想去看看》中偏正短语的积累，《四个太阳》中按照地点、颜色、感觉分类的词语积累等。

语言积累应与实际运用相结合，使消极语言转化为积极语言。一年级下册《我多想去看看》提出"以'我多想……'开头，写下自己的愿望"。除此之外，还有几篇课文课后提出了写话的要求：《荷叶圆圆》要求仿照"荷叶圆圆的，绿绿的"写句子；《小公鸡和小鸭子》课后的"读一读，比一比"，让学生通过两句话比较，体会重点词语在句子表达中的作用，为二年级上册开始专项的写话训练打下基础。

第三节　随文识字

识字是阅读与表达的基础，是第一学段的重要教学内容，也是贯穿在整个小学阶段语文教学中的重要内容。第一章中已专门阐述了集中识字，本节主要阐述的是阅读中的识字教学，也称随文识字。

根据上一节教材编排特点的分析，可以明显发现要求学生掌握的大部分生字分布在课文中。显然，在课文中学习生字是识字的主要途径。虽然"集中识字"单元以及"识字加油站"板块中都有识字这一重要教学任务，但因其存在形式不同，目标指向以及教学方法也有所区别。但遗憾的是，有些课堂上出现了将几种不同课型的识字教学混为一谈的现象。有的老师在阅读课的第一课时中撇弃文本不顾，孤立地进行集中识字，称为"识字课"；第二课时则进行纯粹的阅读教学，又置识字于不顾。将"识字"与"阅读"视为两张皮，这是阅读中识字的一大误区。

那么随文识字与集中识字有何区别呢？

"集中识字"单元以及《语文园地》的"识字加油站"通过集中认读字音、分析字形来帮助学生认识汉字。而阅读中识字，除了仍然要达成这些目标，还肩负着促进学生积累语言，理解课文，进行语言实践，培养阅读能力的重要任务。

"随文识字"与"集中识字"的要求如下表所示：

教学内容 识字课型	识字	朗读	阅读能力的培养
集中识字	有要求	朗读的主要目的是为了巩固识字	不要求
随文识字	有要求	朗读中复现生字；理解语言表达的情感，培养语感，积累语言	有要求

阅读中的识字教学除了依然要遵循汉字教学的基本规律（在第一章"识字教学"一节有具体阐述），还要遵循阅读中识字的特有规律——依托具体语境进行识字。阅读中识字提倡把生字词放在特定的语言环境中去感知、理解和掌握，这是因为汉字依存的书面语言环境可以为学生记忆提供一定的线索，书面语言可供学生反复阅读与记诵，实际上也提高了汉字出现的频率。这种方式符合儿童的认知规律，也符合儿童思维的性质特点。

一、教学策略

（一）随文正字音

有些教师在学生初读课文几分钟之后，立刻拿出生字卡片来抽查学生认读字音，这对学生来说难度很大。但如果将生字放置于课文的一段话或一个词语中，认读的难度会随之降低。这是因为课文中的语段、词语等书面语言环境可以唤醒学生的记忆，为学生识字提供辅助。所以在阅读中识字，要强调随文正音。这里的"文"，可以是课文的一个语段，也可以是一个句子或一个词语。

在初读课文阶段，可以借助自然段或词语、短语进行正音。比如学生自由练读课文之后，按照自然段检查读课文，或者出示词语、短语认读，随机提取出认读时易读错、读得不准的字音进行纠正，反复读几遍。如《我多想去看看》总共要求认读 12 个生字，其中课题中出现一个生字"想"，另外有 11 个生字集中出现在课文第一段的第一、二句中。教师可以开展以下教学：

第一步,认读带生字的词语。

北京　广场　非常　壮观　小路　天安门

相机提取出生字——"京、广、常、壮",强调读好这四个生字的后鼻音;读词语——"壮观",强调注意前后鼻音的转换。

第二步,认读偏正短语。

弯弯的小路　遥远的北京城　雄伟的天安门

宽宽的公路　遥远的新疆　美丽的天山　洁白的雪莲

第三步,练读长句。

遥远的北京城,有一座雄伟的天安门,广场上的升旗仪式非常壮观。

遥远的新疆,有美丽的天山,冰山上盛开着洁白的雪莲。

以上的教学片段中,教师借助语言环境进行生字认读,从词语到短语到句子,在读中不断地滚动出现生字,起到复现巩固的效果,同时也为学生读好长句子做了过渡和准备。

随文正音时要注意的是,对于一些常见的字、学生容易读准的字音,没有必要强调,不需要每个生字都提出来强调,这样平均用力会浪费时间,也容易让学生产生厌倦疲乏之感。教师需要在备课的时候对生字进行梳理,根据学生的学情分析重难点,分析生字在课文中的分布情况,做到有的放矢,做好教学的统筹安排。

(二)随文解字义

汉字是音、形、义三个要素构成的方块图形。掌握汉字就是要建立起音、形、义三者之间的联系,有专家通过多年的教学研究发现,学生产生错别字的根源是音、形、义的连接发生断裂。因而,注重在具体的语言环境中将汉字的音、形、义有机结合,在识字教学中显得十分必要。

1. 借助文本,解决一字多义

最初的汉字,以字形描摹事物形状,大多一字一义。经历过几千年的演变,因假借、引申、转移、借用等缘故,很多汉字的意义发生了变化。于是,现在就有了很多汉字一字多义的特点。汉字因语境的不同,意思会大相径庭,这对于第一学段的学生来说,理解上必定会有一定困难。教学时要关注学生这一学习难点,引导学生借助语言环境来正确理解文本中某个字的意思。

如二年级上册的《狐假虎威》,"假"在学生的生活经验里是不真实的意思,与"真"意思相反,但在文中却是"借"的意思,这与学生的生活经验存在很大差异。如何帮助学生理解字义?有教师做了以下安排:

第一步,默读课文,哪句话告诉了我们"狐假虎威"的意思?用横线画出来。

第二步,学生找、画出文中的句子:"原来,狐狸是借着老虎的威风把百兽吓跑的。"

第三步,读读句子,想想"假"的意思是什么。学生在句子中找到相应的词语:"借"。

教师利用文中的句子来帮助学生理解了"假"在成语故事中的特定意思,突破了学生理解上的难点。同样,一年级下册《咕咚》一课中第一段:"木瓜熟了。一个木瓜从高高的树上掉进湖里,咕咚!""熟"字在文中的意思是指水果成熟了,而从形声字形旁表意的角度分析,"熟"的形旁是四点底,本义是指食物放在火上煮熟、烤熟。在现代生活里,这个意思仍然常用,如"饭菜熟了"。假如教师关注到这些,教学中借助文本进行"熟"字义的教学,既可以帮助学生掌握汉字形意的连接点,还可以让学生的语言理解能力和思辨能力得到锻炼。杭州的曹爱卫老师执教本课,抓住"熟"一字多义的特点,开展了精彩的教学:

第一步,读句子,提取出生字"熟",读准字音,引导学生根据形声字形旁表意的特点,理解"熟"字的本义是食物在火上煮熟、烧熟。

第二步,回归文本,引发认知冲突:"木瓜熟了",是不是就是指把木瓜放在火上烤,烤到可以吃?学生结合文本,深入思考辨析,理解了"熟"在文中是果实成熟的意思。

课堂现场链接

《咕咚》教学片段

执教者:杭州下城区教师教育学院 曹爱卫

师:课文里木瓜怎么就会从树上掉下来的呢?自己读一读这段话,再想一想。

(学生自由读第一自然段)

师:木瓜怎么会从高高的树上掉进湖里的呢?

生:因为木瓜熟了。

师:我们看看这个"熟"字,它的下面是什么?

生:"熟"字下面是一个四点底。

师:这个四点底和什么有关?

生:和水有关。

师:和水没关系。我们上学期学过"点",学过"黑",有谁知道四点底到底和什么有关?

生:四点底和火有关。

师:掌声送给她。她上个学期学得非常好。四点底表示和火有关,比如"蒸""煮","烹饪"的"烹",都是四点底。哦,那我明白了,"熟"就是把木瓜放在火上烧,烧到可以吃了,是这个意思吗?

生(齐):不是。

师：你们刚才不是说四点底和火有关吗？那这个"熟"是什么意思？谁来告诉我？

生：这个"熟"是木瓜在树上长啊长，长熟了的那个"熟"。

师：哦，这里"熟"是指木瓜在树上长啊长，长成熟了，可以吃了，是吗？

生：是的。

师：谢谢你帮助我。木瓜熟了会从树上掉下来，那还有什么水果熟了，也会从树上掉下来？

生：桃子熟了会从树上掉下来。苹果熟了会从树上掉下来。杏子熟了会从树上掉下来。……

师：原来水果的果实成熟了都会从树上——

生（齐）：掉下来。

师：这是一种很自然的现象，对不对？

生（齐）：对。

师：弄明白了，我们一起来读一读。

（学生齐读第一自然段）

2. 借助语境，辨析形近字

形近字的辨析也是第一学段学生识字的难点，表现在学生在书面语言的表达——写话的时候，经常将形近字混淆，造成别字。这与第一学段的儿童处于认知泛化阶段有关，这个阶段的儿童掌握汉字字形遵循"先整体，后个别笔画，服从知觉"的整体性原则。因而他们对于汉字的局部细节是不易关注到的。教师需要借助语言环境，引导学生重点关注局部细节，达到辨析字形、准确把握的目的。如二年级上册《纸船和风筝》中出现"漂"和"飘"两个形近字，分别在文中两处出现：

纸船漂哇漂，漂到了小熊家门口。

风筝乘着风，飘哇飘，飘到了松鼠家门口。

两句话其实已经揭示了"漂"和"飘"的不同用法,但假如不引导学生去关注,则如同云彩从眼前飘过,不会给学生留下任何印象,失去了良好的教学契机。教师可以在引导学生读句子之后,将两个字去掉,然后请学生将两个字卡送回句中,并说说为什么要这么摆放,从而引起学生对"飘""漂"的关注,帮助学生将两个生字的偏旁和意思之间建立联系,并结合语境理解字义。

《纸船和风筝》教学片段

执教者:特级教师　张敏华

复习回顾小熊和松鼠成为好朋友的故事时,教师启发学生边想画面边把1—6自然段美美地、有滋有味地读一读。

(学生自由读课文)

师引读:山上的松鼠给山下的小熊送去祝福的方法是——

生:纸船漂哇漂,漂到了小熊家门口。

师:山下的小熊给山上的松鼠送去祝福的方法是——

生:风筝乘着风,飘哇飘,飘到了松鼠家门口。

师:这两句话里藏着两个生字,特别像,一起读。

生:漂、飘。

师:谁能帮助我把它们区分清楚?

生:第一句上面的"漂"是随着水流漂的,所以是三点水旁;第二句的"飘"是随着风飘的,所以是风字旁。

师:你说得真清楚,我明白了。我还编了一首儿歌,我们可以来记一记。自己读读看。(出示儿歌)

水里漂,这样漂,小船漂流慢悠悠;

风中飘,这样飘,风筝飘荡轻悠悠;

字音相同义不同,祖国文字真奇妙!

师:我们一起站起来,做做动作读一读。

(师生边做动作边读儿歌)

(三)随文猜字音

从一年级上册到二年级上册教材中出现了"猜读字"的要求。教材在每册最后一两篇课文中不给部分生字注音,让学生猜字的读音。这样编排主要是为了解决初入学儿童识字量不多,又有阅读需求的矛盾。采用猜读的方法,为的是不让学生因不认识的字而阻碍阅读。提出"猜读字"是有学理依据的:首先,学生学习语文是学习母语,具有语言基础。即便是部分字不认识,也可以采用猜读、跳读的办法,完成儿童读物的阅读。其次,"猜读字"的读物一般为连环画,学生可以根据画面猜。第三,"猜读字"猜的大部分为形声字,形声字具有声旁表音的特点,可以帮助学生猜读出字音。

"猜读字"的编排也是有一定序列的。

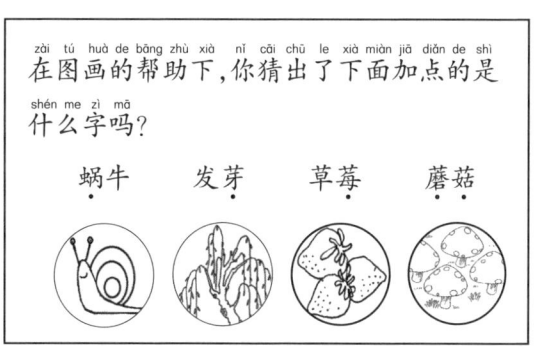

一年级上册《小蜗牛》要求看图猜出字的读音。蜗牛、发芽、草莓、蘑菇对于学生来说是熟悉的,猜读难读不大。

到了一年级下册,学生已经有了一定的识字基础,积累了一些识字方法。因而《咕咚》《小壁虎借尾巴》课后对猜读的要求也相应提高,不仅看图猜,还要根据形声字和联系上下文来猜读字,综合运用各种方法来猜读。

二年级上册《纸船和风筝》提出的要求是:"猜猜下面加点字的读音,和同学交流你是怎么猜出来的。说说你用这些方法还认识了哪些字。"除了猜读字音,实际上这也是灵活运用多种方法来识字的训练。

猜读字的方法:

(1)借助插图,猜一猜。《咕咚》一课,"鹿"和"象"可以根据插图猜:看图,说说图画上有哪些小动物,然后让学生将字卡贴到相应的动物图上。

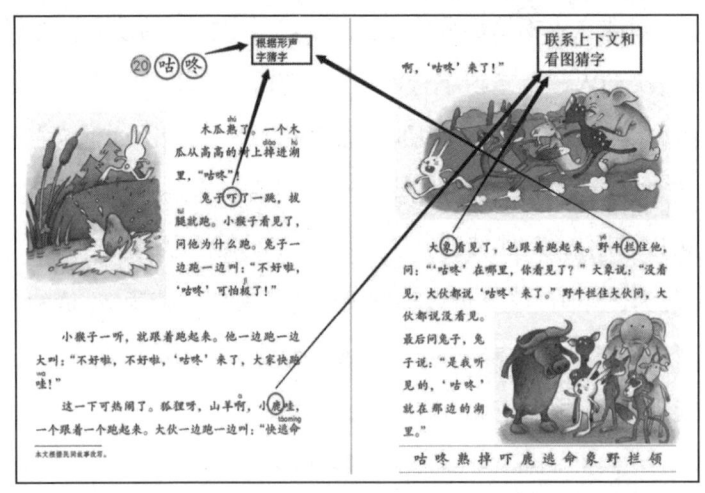

(素材来源:《义务教育教科书 语文 一年级 下册》,第106-107页。)

(2)联系上下文,猜一猜。文中句子"狐狸呀,山羊啊,小鹿哇,一个跟着一个跑起来。""大象看见了,也跟着跑起来。"图和文结合起来,学生便能猜读出"象、鹿"两个字的读音。

(3)根据形声字特点,猜一猜。《咕咚》中"咕、咚、吓"以及《小壁虎借尾巴》中的"蚊"都是典型的声旁表音的形声字,学生见形便能知音。

总体而言,随文识字教学,要注意以下几点:

1.识字目标要分散落实。一篇课文要求认识的生字较多时,要注意分散在各个时段进行教学,以免识字目标过于集中,影响识字效果。所以教师备课时,要注意对课后要求认读的生字进行必要的分析:(1)给生字分类:比如根据动词,或同偏旁的字,给同类生字归类;(2)在文中圈画出生字,明确生字在文中的分布情况,如发现某一句话或某一段话聚集的生字过多,要考虑分散在几个时段进行教学;(3)分析生字的难点,比如字音难点或字形难点,以便着重开展教学。

> ② 我多**想**去看看
>
> mā ma **gào sù** wǒ, yán zhe wān wān de xiǎo **lù**, jiù huì zǒu
> 妈妈**告诉**我,沿着弯弯的小**路**,就会走
> chū tiān shān yáo yuǎn de běi **jīng** chéng yǒu yī zuò xióng wěi de tiān **ān**
> 出天山。遥远的北**京**城,有一座雄伟的天**安**
> **mén** guǎng chǎng shàng de shēng qí yí shì **fēi cháng zhuàng guān** wǒ duì
> **门**, **广**场上的升旗仪式**非常 壮观**。我对
> mā ma shuō wǒ duō xiǎng qù kàn kan wǒ duō xiǎng qù kàn kan
> 妈妈说,我多想去看看,我多想去看看!
>
> xiǎng gào sù lù jīng ān mén guǎng fēi cháng zhuàng guān
> 想 告 诉 路 京 安 门 广 非 常 壮 观

(素材来源:《义务教育教科书 语文 一年级 下册》,第19-20页。)

如《我多想去看看》一课课后要求认读12个生字,除了课题当中有一个生字,其余11个生字集中出现在第一段。那么,教学中可以结合课题落实"想"。其他11个生字可以分散在几个阶段进行落实。我们再对12个生字结合学生学情进行分析:读音难点是后鼻音比较集中,共有5个后鼻音的生字,特别是"京"字,对南方学生来说,尤为难读,要重点引导;其次,词语"壮观"也是读音难点,前后鼻音放在一起,容易混淆。而"壮观"这个词语比较抽象,并且生活中不常用,所以又是学生理解的难点,可以放在语境中结合阅读活动来帮助学生理解。

2. 不同阶段,目标各有侧重。在一节课中"随文识字"分布在几个主要阶段进行教学,并且每个阶段的识字写字教学目标各有侧重:

(1)初读课文阶段:借助拼音,读准字音。

(2)精读课文阶段:结合语言环境,理解字义,复现字形。

（3）巩固阶段：复习巩固，书写指导。

每个阶段识字写字任务各有侧重，但并不是割裂的，如在精读课文阶段，也必然要进行读音的巩固，对有些重点生字，需要通过分析字形，使形义产生联系来促进理解。

3. 识字要在语境中走个"来回"。识字教学要先从文本入手，视时机提取出生字开展识字活动，再回归文本促进阅读理解，开展阅读活动。要注意的是，既要出得来，还得回得去，做到自然柔和才是最佳效果。要防止出现这样的现象：一是文本阅读活动和识字活动"两张皮"；二是从文中提取生字进行识字活动的时间过长，打破了文本学习的整体性，破坏了故事的连续性。

在阅读中识字，更多的时候需要整合，将汉字的形、音、义相结合，将识字与词语教学相结合，将识字与阅读理解相结合，形成网状结构，使学生对汉字形成立体的认知，使原本枯燥的汉字变得有温度、有厚度。

《树和喜鹊》教学片段

一、创设情境，引读感受"孤单"

师引说：只有一棵树，没有其他的树陪伴他，我们说——

生：树很孤单。

师：只有一只喜鹊，没有其他的喜鹊陪伴他，我们说——

生：喜鹊很孤单。

出示单句：树很孤单。喜鹊很孤单。

二、创设情境，联系生活，理解"孤单"

1. 创设情境，师生对话，体会角色心情，理解词义。

师：小树、小树,你的周围没有一个朋友,你想说什么?

(生略)

师：喜鹊、喜鹊,你没有兄弟姐妹,也没有一个朋友,你心里怎么想?

(生略)

师：是啊,他们都很孤单。出示词卡"孤单",读词。

2.教学生字"孤",理解字义。

(1)记字形。谁有办法记住这个字?(预设:子字旁＋瓜)

(2)明字理。"孤"字最早指的就是没有父母的孩子,没有父母的孩子多孤单啊,怪不得"孤"是子字旁。

三、复现词语,指导朗读

师：孩子没有父母很——

生：孤单。

师：树和喜鹊没有朋友也很——

生：孤单。

师：你能读出他们的孤单吗?(指导有感情地朗读)

四、合并句子,学习表达

1.出示两个单句：树很孤单。喜鹊很孤单。

师：谁能把这两句话合成一句话?(预设:树和喜鹊都很孤单;树和喜鹊一样孤单;树很孤单,喜鹊也很孤单)

2.回读文中原句：树很孤单,喜鹊也很孤单。

《妈妈睡了》教学片段

老师引读句子：弯弯的眉毛,也在睡觉,睡在妈妈红润的脸上。

师(出示字卡:润)：这个字读"润"。它是什么旁的?

生：三点水。

师：为什么"润"是三点水的呢？（出示图片）

师：看——夏天禾苗干枯了，一场雨来了，雨水下在干枯的禾苗上——

生：小禾苗喝足了水。

师：是啊，有了雨水的滋（zī）润（课件出示词语"滋润"，"润"字放大），小禾苗长得更好了。（学生一起读"滋润"）

师：眼睛累了，滴一滴眼药水，眼睛就——湿（shī）润了（课件打出词语"湿润"，"润"字放大）。（学生一起读"湿润"）

师：摸摸自己的脸，红红的，水灵灵的，这就是——

生：红润的脸。

师：妈妈的脸也是红润润的，很美呢。现在你能读好这句话吗？

生：弯弯的眉毛，也在睡觉，睡在妈妈红润的脸上。

师：看见那么美的妈妈，你有什么想法啊？

生：我想亲亲妈妈红润的脸。

生：我想抱抱妈妈。

师：那就让我们一起美美地读好句子吧。

第四节　词语教学

"词汇是语言的建筑材料,没有词汇,任何语言都是不可想象的。"(《现代汉语》)词语是构成句子的基本单位,没有词语就不可能有句子和语段。因此,词语在语文教学中是一以贯之的重要学习内容,对于语文学习起步阶段的第一学段学生而言,尤为重要。《义务教育语文课程标准》在第一学段阅读教学目标中也对词语教学作了专门的要求:"结合上下文和生活实际了解课文中词句的意思,在阅读中积累词语。"统编本教材将这一条目标作了细化,并分步在各册教材中进行落实。

一、教材编排特点

词语作为第一学段语文学习的重要内容,也是一、二年级统编本教材中的重要语文要素,在教材中以阶梯状呈现,要求逐渐提高。

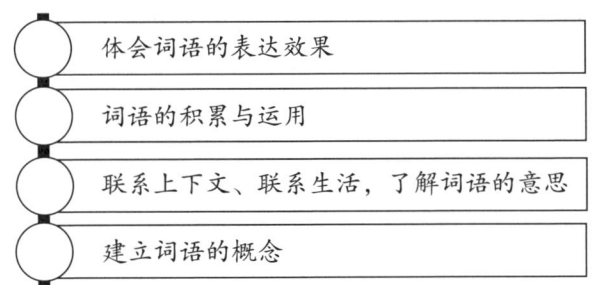

(一)建立词语的概念

一年级上册拼音教学"z c s"一课,第一次出现"字""词语""句子"的概念。

```
学                    zì
                      字
学生                   cí yǔ
                      词语
我是小学生。             jù zi
                      句子
```

教师在教学这课时,要将拼音字母的巩固与识字活动,以及与认识字、词、句结合起来,并在之后的教学中,经常巩固词语的概念。

课堂现场链接

"字、词、句"教学片段

一、请学生拼一拼,读一读

zì
字
cí yǔ
词语
jù zi
句子

检查拼读,读准整体音节"zi/ci/yu/ju"。

二、教学"子"的读音

这个字单独出现读第三声,在"句子"这个词中读轻声。谁来读?

你还知道什么时候它读轻声?拓展读:虫子、石子。

三、教学"字"的读音

这儿有个字宝宝和"子"长得特别像,你找到了吗?认读"字"。

仔细看两个字宝宝,你发现了什么?

你在哪里听到或者见过这个字?

数一数,"学生"里有几个字?

四、词语教学

瞧，两个字宝宝组成了词语。我们来读读这个词语——"学生"。再读读这个词语——"词语"。

学习"词、语"两个生字。

有时候三个字也能组成词语呢，比如"小学生"，也是词语。

五、句子教学

字呀，词语呀，手拉手，就变成了句子。谁能把它们手拉手？（请学生将字词卡片"是""小学生""我"摆成句子）

句子后面还要加上小圆圈，这个叫"句号"，看到句号就表示一句话讲完了。读读这句话吧！

（二）积累与运用

《义务教育语文课程标准》在第一学段词语学习目标中提到"在阅读中积累词语"，积累词语，可以帮助低年级学生巩固词语的概念，丰富学生的语言库，增强学生语言的敏感性，并能为准确丰富地运用词语提供有力保障。从教材编排看，一年级上册就有了词语积累的要求，并逐渐将积累与运用结合起来，相互促进。

1. 积累词语

教材中关于"积累词语"的练习，大多进行了分类，并将积累与运用相结合。

（1）按照词性分类。如动词、名词（表示方位、时间、称谓、职业、植物等的名词）、形容词等。

（2）按照词组结构分类。

◆数量词组：

识字课《大小多少》课后的"读一读，记一记"：

一头牛　一只猫　一群鸭子　一颗枣　一个桃　一堆杏子

◆偏正式结构词组：

《小小的船》课后的"读一读,照样子说一说"要求根据"小小的船、弯弯的月儿、闪闪的星星、蓝蓝的天"来仿说偏正式词组。

◆动宾结构词组:

《怎么都快乐》课后"读一读,说一说"要求根据"跳绳、踢足球、讲故事、听音乐、打排球、玩游戏"词组来仿说动宾结构词组。

◆主谓结构词组:

《动物儿歌》课后"读一读,记一记"有:

蜻蜓展翅　蝴蝶飞舞　蚯蚓松土　蚂蚁搬家　蝌蚪游水　蜘蛛结网

(3)按照词语表达的内容分类。

二年级下册《语文园地四》"字词句运用"栏目,要求把"形容生气;形容高兴;形容难过"的词语分类写下来。

这些分类积累,不仅丰富了学生的词汇存量,而且对学生认识词性和词汇类型都很有帮助,为学生能生动地表达做好了积淀。

2.运用词语

教材编排从仿造例子说说同类词语,逐渐过渡到运用词语说话、写话,形成序列。如一年级上册《小小的船》《项链》照样子说偏正式短语;一年级下册《怎么玩都快乐》照样子说动宾结构短语,《彩虹》仿照例子说"＿＿＿＿来＿＿＿＿去"联合词组。到了一年级下册的《荷叶圆圆》一课,要求用表示形状、颜色的词语来把句子补充完整:"苹果,＿＿＿＿,＿＿＿＿。"《小猴子下山》则要求选用动词来说一句话。

到了二年级上册,教材中将词语运用于说话写话的要求越来越多,并鼓励学生在日常表达、写话训练以及口语交际中主动运用阅读中积累的词语,在语言的实践中,帮助学生将消极词汇转化为积极词汇。

(三)了解词义

任何一个词都包含形式(语音及书写)和内容(词义)两方面,词义在语言系统中有着十分重要的地位。词语教学离不开词义的教学,而且这个内容将贯穿在小学到高中阶段的语文学习中。第一学段词义教学的目标，要依据新课程对词语教学的要求来定位。

《义务教育语文课程标准》关于词语学习在各个学段的目标要求如下：

第一学段：结合上下文和生活实际了解课文中词句的意思。

第二学段：能联系上下文，理解词句的意思，体会课文中关键词句表达情意的作用。

第三学段：能联系上下文和自己的积累，推想课文中有关词句的意思，辨别词语的感情色彩，体会其表达效果。

从以上目标表述中，我们可以看出：

"联系上下文"，也就是借助语境来落实对词语意思的理解，是小学各个学段词义学习的共同要求，也是落实词义教学的主要方法，这符合语言的特点与学生语言学习的规律。教学中，切记避免让学生枯燥背诵词语解释的做法。统编本教材中，一年级下册《树和喜鹊》一课通过学习提示，第一次提出"读了上一段，我知道了'孤单'的意思"。《要下雨了》又一次通过学习提示，提出"读了这一段，我知道了'闷'的意思"。教材这样安排就是遵从了"联系上下文"了解词语意思的目标要求。教学时，从一年级下册开始，就要在阅读课上多多采用"联系上下文"和"联系生活"的方法引导学生来了解词语的意思，逐步让学生达到熟练运用，自觉运用于阅读实践的目标。

第一学段要求"了解课文中词句的意思"，到了第二学段增加了"体会课文中关键词句表达情意的作用"，第三学段提升到"辨别词语的感情色彩，体会其表达效果"，要求逐步提高。另外，对词义把握程度的要求也有明显提升：第一学段是"了解"，第二学段是"理解"，第三学段是"推想"。

从"了解"到"理解"，虽然只有一字之差，但其含义是有明显区别的："了解"是大体知道词语的意思，而"理解"的要求比"了解"要高得多。"理解"一词在《辞海》里的解释是："应用已有知识揭露事物之间的联系而认识新事物的过程。"由此可知，"理解"词语，不但要对词语的意思知道得很清楚，而且对词语的内涵也要有深层次的了解。基于要求的不同,教学策略也要有所区别,在下文的"教学策略"中将有具体阐述。

(四)体会词语的表达效果

第一学段对"体会词语的表达效果"要求不能过高,主要立足于引导学生有所感受,教学方法一般为渗透,教师不必讲得很透彻很清楚,更不要求学生讲清楚。教材中关于这一语文要素的编排如下:

◇一年级下册:《小公鸡和小鸭子》,通过句子的比较,体会词语"偷偷地、飞快地"的表达效果。

◇二年级上册:《曹冲称象》,通过句子比较,体会词语"才、到底"在句子中的表达效果,并用词语说一句话;《雪孩子》《纸船和风筝》,通过句子比较,体会表达的生动性。

◇二年级下册:《寓言二则》,通过句子比较,体会形容词的作用;《雷雨》《祖先的摇篮》,体会动词的准确性。

从以上课后的练习要求可以发现,第一学段"体会词语的表达效果"所采用的主要方法是"比较",让学生通过比较在阅读中体会表达效果,记忆、抄写、仿说、仿写等方式可适当运用。

二、教学策略

(一)词语积累与策略运用

从以上教材编排特点分析可以看出统编本教材在词语积累的内容编排上非常重视归类积累。因为归类积累可以让看似没有联系的零散的词语趋于系统化,建立内在的某种联系。分类积累有助于学生整合词语,使词语积累更加高效,同时帮助学生逐步使语言储备结构化,便于迁移方法进行运用。教师备课时要善于发现分布在课文之中的同类词语,并将其作为积累的对象引导学生进行积累。归类积累的方法有以下几种:

1. 多形式练读,发现规律

在积累词语中引导学生发现规律,才能"寻规"而学,才能将迁移方法运用于语言实践。教材中"归类积累"的要求往往体现在"读一读,记一记"板块。实际上,"读"确实是引导学生发现规律的最便捷的途径。不过,教学时要注意"读"的方式。

(1)引读。教师可以通过引读、问答读,帮助学生发现一些词组的结构规律。如《动物儿歌》主谓结构的短语积累,教师可以采用问答的形式读一读:

师:什么展翅?

生:蜻蜓展翅。

师:什么飞舞?

生:蝴蝶飞舞。

师:什么松土?

生:蚯蚓松土。

……

师:蜻蜓蜻蜓,干什么?

生:蜻蜓蜻蜓在展翅。

师:蝴蝶蝴蝶,干什么?

生:蝴蝶蝴蝶在飞舞。

……

学生边答边做相应的动作。这样的问答游戏,实际上揭示了"(什么)+(干什么)"这种主谓结构的短语。在此基础上,还可以引导学生拓展说说其他的主谓结构短语,以对这一类短语进行巩固和积累。

师:还有什么展翅飞?

生：鸟儿鸟儿展翅飞。

师：还有什么在飞舞？

生：蜜蜂蜜蜂在飞舞。

……

师：你还能说出这样的短语吗？

（出示：_____）

生：燕子捉虫、小鸟唱歌、农民种地、学生读书……

（2）演读。学习一些动词或动宾结构的短语时，则可以进行动作表演，引导学生发现词语（短语）的规律。如一年级下册《操场上》一课中有以下两组词串：

打球　拔河　拍皮球

跳高　跑步　踢足球

教学时，可以这样进行：

第一步，演读。通过让学生边做动作边读词串，学生很容易发现：第一行的词语跟手的动作有关，所以"打、拔、拍"都是提手旁；第二行的词语跟脚部的动作有关，所以"跳、跑、踢"都是足字旁。

第二步，引读。

师：打打打，打什么？

生：打打打，来打球。

师：拔拔拔，拔什么？

生：拔拔拔，来拔河。

师：拍拍拍，拍什么？

生：拍拍拍，拍皮球。

通过这样的"读",教师帮助学生发现这一类词组由一个动词和一个名词构成。相关的语言知识术语并不是通过枯燥的讲解告知学生,而是在低年级学生喜闻乐见的游戏式的读中渗透。

2.随文有序推进,立体建构

文本中不乏一些同类型的词语如同珍珠一般散落在文本的句、段之中,教师要善于发现这些资源,并将一颗颗珠子建立起联系,寻找合适的"线",将其串联,帮助学生形成记忆的立体建构。

教师要做的是,引导学生发现词语之间的联系,并让词语的积累在阅读活动中有序推进,不断扩充词语的意蕴,注重同类词语的勾连。比如很多教师在初次检查认读词语时,将集中出现的词语进行分类认读。这是一种很好的教学意识。当然,在阅读过程中,关注词语之间的某种联系,随文分步推进,效果更为突出。

如《玲玲的画》一文中分布了很多偏正式词组,仔细研究这些词组会发现,它们大多用于形容玲玲、爸爸和小狗的心情和情绪。尤其是在描写玲玲心情变化的过程时用上了这些词组:得意地端详——伤心地哭了起来——满意地笑了。教学时可以结合语境在阅读过程中进行体会:

(1)读文借助语境了解词组的意思,体会玲玲的心情。

(2)启发学生找出文中写爸爸和小狗时用到的这类词语,分类抄写积累:

爸爸:<u>仔细地看了看</u>　<u>高兴地说</u>

小狗:<u>懒洋洋地趴</u>

(3)把文中这类词组全部汇集出示,通过师生问答读,引导学生发现偏正式词组的结构,并熟记积累。

(4)运用这类词组进行看图说话练习。

这样的词语积累活动是随着阅读活动的逐步推进,依据文本特点开展的反复滚动的教学过程,是整合了理解与积累、积累与运用的综合性练习。同一类词语,在学生的认知结构中不断丰满,促进了学生记忆的立体建构,并逐渐形成一种思维意识,为以后的信息提取做好了有力的铺垫。

3. 变式训练,丰富语言储存

汉语言的表达灵活多变,一种意思可以有多种表达,体现了语言的灵活性。如能抓住这一特点,在词语教学时,变换形式进行练习,可以丰富学生的语言储备,同时也能引导学生感受语言表达的灵活性,感受语言的魅力。如《小蝌蚪找妈妈》第一段对小蝌蚪的描述"大大的脑袋,黑灰色的身子,甩着长长的尾巴,快活地游来游去",可以安排这样的教学环节:

第一步:读读课文第一段,说说小蝌蚪的样子。

根据学生讲述,出示词组:大大的脑袋　黑灰色的身子　长长的尾巴

读一读词组。这里介绍了小蝌蚪的哪些部位呢?(脑袋、身子、尾巴)

第二步:如果先说身体的部位,再说样子,还可以怎么介绍小蝌蚪呢?

小蝌蚪脑袋大大的,身子黑灰色的,尾巴长长的。

小结:瞧,同一个意思,可以采用不同的说法呢!

读一读词组:脑袋大大的　　身子黑灰色的　　尾巴长长的

通过这样的变中求同、同中求变的变式练习,可以让学生在变化中了解词组的结构,感受语言的灵活性,也从中感受到语言表达的潜在规律,丰富学生的语言积累,使其感受到学习语言的趣味。

 课堂现场链接

《玲玲的画》教学片段

一、学习第一自然段

1. 自由读

瞧,这就是玲玲的画。画的题目就叫《我家的一角》。让我们自由地读读第一小节,想想从这段话中,你知道了什么。

2. 交流

从这段话中,你知道了什么?根据学生交流的信息,随机出示词语学习。(出示词语"端详")

(1)读准词语。

(2)理解字义:"端详"是什么意思呢?你能不能读读这句话,猜猜这个词语的意思?

对,它指的就是"看"。这究竟是一种怎样的看呢?请小朋友看老师做动作。(动作比较:第一次动作,匆匆一看;第二次动作,上下左右仔仔细细地看)

你觉得哪一次看才是端详?

说得真好,像老师刚才这样认认真真地,仔仔细细地看,就叫 —— 端详。

(3)玲玲一边端详着画,一边在想什么啊?

是啊,玲玲胸有成竹的,难怪课文中说她是在 ——(学生齐读):得意地端详。

(4)指导朗读句子。

3. 小结

从"得意地端详"这个词组中,我们知道了玲玲当时的心情是 —— 高兴的(板书)。像这样写玲玲的词组在文中还有几处,请你把它们找出来。

二、学习第二至八自然段

1. 自由读,找词组

让我们认真默读课文的第二至第八自然段,把写玲玲的这一类词组用圆圈圈出来,再把它们摘录到练习纸上。

反馈交流,读读词组:伤心地哭了起来　满意地笑了

2. 结合语境,体会人物心情,读好句子

就在这时候,水彩笔叭的一声掉到了纸上,把画弄脏了。玲玲伤心地哭了起来。

从"伤心地哭了起来",我们感受到玲玲非常的——伤心。这时候,她又会怎么想呢?

补充句子:

就在这时候,水彩笔叭的一声掉到了纸上,把画弄脏了。玲玲伤心地哭了起来,心想:_____。

交流,指导读好句子。

3. 齐读第二至七自然段

让我们一起读读第二至七自然段,感受一下玲玲的心情。

4. 后来,玲玲为什么又"满意地笑了"?读第八自然段

补白:此时的玲玲又是怎么想的呢?

齐读:让我们带着高兴的心情,读读第八段。

三、归类积累词语

故事主要讲了玲玲,还讲了谁?(爸爸、小狗)

爸爸怎么样地干了什么?小狗怎么样地干什么呢?你能不能学着我们刚才的样子,也来摘录一下这种类型的词组呢?

学生分类摘录词组。

投影反馈,读一读。

爸爸:仔细地看了看　高兴地说

小花狗：懒洋洋地趴

四、找规律，拓展练习

1. 集中出示六个词组，发现特点

瞧，孩子们，老师把这些短语都集中到了屏幕上，请你自由地读读，有什么发现？

你关注到了这些词组中都用到了提土"地"。

你发现了"地"后面都是表示动作的词。

你还发现了，这些词语都是讲怎样地干什么。

2. 朗读指导

现在你能不能再来读读这些词组？不仅要读得正确，还要读得好听，读出味道来。谁来试一试？

3. 学以致用

课文就是用上了这些有特色的词组才把句子写得非常生动的。我们也来学习用一用。

玲玲还画了一幅画，看看画了什么？你能不能学着课文的样子，把画的内容说得更生动一些？选择其中的一句来说一说。

爷爷_____地爬楼梯。

明明_____地爬楼梯。

玲玲还画了什么呢？开动小脑筋，用"谁怎么样地干什么"的形式来写一句话。

（二）词义教学策略

二十世纪五十年代，北京特级教师王企贤先生讲述了他亲身经历过的一件事：以前他六七岁时在私塾念书，私塾先生教学"鸟有两翼，故能飞；兽有四足，故善走"，王企贤不理解其中一些词语的意思，于是向先生请教。

生:"故"字当什么讲?

师:"故"字当"所以"讲。

生:原来是一个字不明白,经先生一讲,"所以"两个字也不明白了。

师:除了"故"和"所以"不明白外,别的字都明白了吗?

生:别的字都懂了。

师:"故"的解释不给你讲了,半年后,你自己会明白的。

果然,过了五个月,在一次造句中,王企贤用上了"故"字,先生用红笔在"故"旁连画了3个小红圈,对他说:"你懂了。"

这件事给予我们的启发是:低年级词语教学中,学生的理解能力所不能及的词语不如不讲,或只说个大概,让学生在今后的学习和实践中慢慢体会运用为好。假如刻意要把词语的意思讲清楚、讲透彻,可能会起到相反的作用。著名语文教育家于永正先生曾经讲过一个冷笑话,说的是一名语文教师教学"而且"一词。

教师问:"'而且'是什么意思呢?"

教师看看没有一个学生能回答,就自己讲解:"而且,就是进一步的意思。"

讲毕,就请学生抄下来:"而且,进一步的意思。"

接着,教师又说:"光理解还不行,还得会运用,谁来造一句话?"

静默了一会儿,一位学生起立,造了一个句子:"上体育课的时候,老师让我们向前三步走,我们就而且、而且,再而且。"

于老师讲的这个故事就是告诫我们,低年级词语意思的教学不可采用注释的方法,更不可以机械地让学生死记硬背词语解释,而应该遵照《义务教育语文课程标准》所提出的"联系上下文、联系生活了解词语的意思"。

"了解词语的意思",即对低年级儿童学习词语而言,大多数词义的掌握只要知道大概的意思即可。低年级词义的教学不提倡以词解词,应该引导学生联系上下文,在具体的语言环境中理解,或运用一些图片、音像资料,将抽象的内容变成具体可感知的内容,或者结合学生的生活实际来了解词语的大致意思。

综上所述,第一学段词义教学方法如下:

1. 联系上下文

联系上下文来了解词语的意思,既是词语教学的一种策略,又是学生学习词义的一种方法,也是一种必要的阅读能力。如二年级上册《语文园地四》在"字词句运用"一栏就要求学生根据句子说说加点词语的意思。二年级下册《语文园地六》也安排了类似的练习。像这样的练习,随着年级的升高会有更多更高的要求。因此,在第一学段引导学生学习联系上下文来掌握词语的意思是必要而且十分重要的教学内容。

众所周知,词是能够独立运用的最小单位,它具有概括性。一些词语的意义往往在句子或语段中已表达出来。如二年级上册《狐假虎威》中"狐假虎威"的意思,在故事的最后一段就直接写道:"狐狸是借着老虎的威风把百兽吓跑的。"像这一类词语教学,完全可以引导学生直接找出文中相关的语句来帮助理解词语的意思。

有些词语的意思在课文中表现得不明显,需要教师的启发引导。这时,教师要帮助学生将文中的前后语句建立起联系,使学生明白词语的意思。如一年级下册《树和喜鹊》文中"孤单"这个词语意思的理解,可以联系前面的句子"这里只有一棵树,树上只有一个鸟窝,鸟窝里只有一只喜鹊",引导学生进入童话情景,进行互动对话:"小树,小树,这里只有你一棵树,没有其他小树朋友,你觉得怎么样?""喜鹊,喜鹊,鸟窝里只有你,没有兄弟姐妹,你想说什么?"根据前文描写的情景,引导学生体会角色的心情,巧妙地帮助学生了解"孤单"所指的意思。又如二年级上册《大禹治水》中"泛滥"一词,后面的句子"大水淹没了田地,冲毁了房屋,毒蛇猛兽到处伤害百姓和牲畜,人们的生活痛苦极了"是对洪水泛滥的具体描写,同时也是泛滥的具体体现。而后一段语段中"灾难"一词的意思,则也暗藏于前面的句子"大水淹没了田地,冲毁了房屋,毒蛇猛兽到处伤害百姓和牲畜,人们的生活痛苦极了"之中。教学这句时,可以引导学生发现理解词语意思的方法:有时可以联系前面的句子,有时可以联系后面的句子来帮助理解,即习得"联系上下文了解词语意思"的方法。

《大禹治水》教学片段

一、聚焦第一自然段

1. 读文想象

小朋友们,让我们一起回到很久很久以前,去看看当时的情景吧!(出示第一自然段)读着读着,你仿佛看到了什么?

【句子一:很久很久以前,洪水经常泛滥。】

2. 理解"泛滥"

(1)看看两个字的偏旁,你来猜猜,这个词语的意思可能和什么有关?

生:和水有关。

(2)学习"联系下文"读懂词义。

到底怎么样的水才能称之为"泛滥"呢?请小朋友们读读后面的句子,想一想。

根据学生回答,出示句子。

【句子二:大水淹没了田地,冲毁了房屋。】

想象补白:还有什么也被洪水破坏了?

生:桥梁被洪水冲走了;庄稼被洪水淹没了;牲畜被洪水冲走了……

小结:水那么大,那么急,把田地淹没了,把房屋冲毁了……这就叫作——

学生齐读词语:泛滥。

揭示方法:你看,刚才通过后面的句子,我们读懂了"泛滥"的意思,这个方法就叫作联系下文。

3.朗读指导

你能读好这两个句子吗?

很久很久以前,洪水经常泛滥。大水淹没了田地,冲毁了房屋,毒蛇猛兽到处伤害百姓和牲畜,人们的生活痛苦极了。

4.读懂句义

(1)泛滥的洪水做了哪几件坏事呢?请你读读句子,圈一圈,数一数。

集体交流,随机板书:淹没田地、冲毁房屋、毒蛇猛兽。

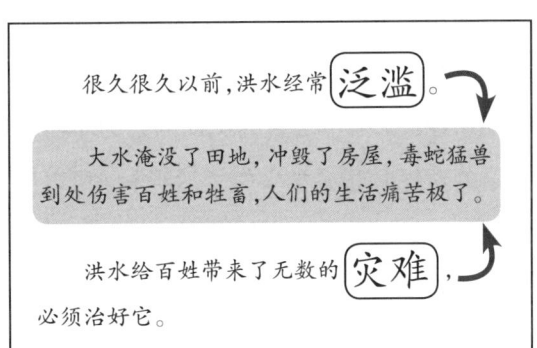

(2)观看视频:小朋友们,你们看,洪水来了!

交流感受:如果你就生活在这样的环境中,你会受到怎样的伤害呢?你能不能选择其中的一个,说给你的同桌听一听?

(3)朗读指导:难怪课文中说,"人们的生活痛苦极了!"谁能读出这种感受?

二、聚焦第二自然段

1.读句子

洪水给百姓带来了无数的灾难,必须治好它。

2.理解"灾难"

联系上文理解。

学到这儿,你知道了吗?文中的"灾难"指的是什么?

生:大水淹没了田地,冲毁了房屋,毒蛇猛兽到处伤害百姓和牲畜。

(根据学生回答,依次将前面的句子变红:大水淹没了田地,冲毁了房屋,毒蛇猛兽到处伤害百姓和牲畜,人们的生活痛苦极了。)

小结方法:是的,这就是文中老百姓遇到的"灾难"。原来要读懂一个词语的意思,除了联系下文,我们有时候还可以联系上文呢!(板书:联系上下文)

2. 联系生活

认知心理学告诉我们:人已有的认知结构对当前的认知活动起着决定性的作用。低年级儿童学习语文时并非一张白纸,他们都带着知识和过去的生活经验。教学中,教师通过一定的手段,可以激活学生已有的生活经验和知识经验,利用学生的认知因素为学习词语服务。教师在指导学生体会词语的意思时联系学生的生活经验,可以激活学生原有的认知结构中的思维模块,容易使学生形成学习期待,轻松地理解词语。如《四个太阳》中"温暖"一词的教学,教师问学生:生活中,什么时候让你有温暖的感觉?有的学生回答:冬天,走进开着暖气的房间感觉很温暖。有的学生说:爸爸的大手握着我的小手,感到很温暖……这种来自生活的体验,生动地解释了"温暖"的意思。结合生活经验来帮助理解词义,可以将概念化的词语与学生的生活勾连,使词语有了情感,有了灵气。联系生活了解词语的意思,是第一学段中常用的一种教学方法,也是学生喜爱的一种学习方式。

3. 运用比较

比较即通过观察、分析,找出研究对象的相同点和不同点,它是认识事物的一种基本方法。通过比较,最容易发现事物的本质属性,比较法在教学领域运用得非常广泛,有学者就说过"比较,是比较好的教学方法"。

将比较法运用于词语教学中,可以帮助学生辨析词义相近、容易混淆的词语,有利于正确地把握词语的含义,体会语言表达中词语运用的准确性。如二年级下册《雷雨》一课中,"一只蜘蛛从网上垂下来,逃走了"。"垂下来"这个词语用得很准确,课后习题也要求"注意加点的词",体会其妙处。教学时,教师拿出一个蜘蛛模型,演示三次"蜘蛛垂下来,逃走"的动作:第一次,"蜘蛛"从"墙上"一步步爬下来;第二次,"蜘蛛"啪的一下掉下来;第三次,"蜘蛛"靠尾巴上的"丝"帮忙,垂下来逃走。接着,教师问学生:哪一次演的才是"蜘蛛垂下来,逃走"?学生一致认为第三次才是"垂下来",原因也分析得很精彩:第一次是爬下来,慢慢地爬,雷雨会把它淋湿的;第二次是掉下来,从那么高的地方掉下来,要摔死的;第三次才是垂下来,蜘蛛挂在丝上很快地滑下来,既快又安全地逃走了。通过动作演示比较,学生准确地区分开"爬下来""掉下来""垂下来"的意思,并且还体会到"垂下来"这个词语在当时的场景中运用的准确性和生动性。

《寒号鸟》教学片段

一、读懂喜鹊做窝的顺序

师:喜鹊为了做窝,还做了好多事儿呢,读读这个句子,圈出它的动作。

出示句子:喜鹊一早飞出去,东寻西找,衔回来一些枯草,就忙着做窝,准备过冬。

学生自由读句,圈画表示动作的词。

师:谁来说说你圈出的动作?

生:飞出去、东寻西找、衔回来。

师:一起读读这几个词语吧。(教师将词语错乱地贴在黑板上)

师:谁能按照喜鹊做事的顺序,给词语排排队。(学生排序)

引说：是的，喜鹊先是——飞出去，然后——东寻西找，接着把枯草——衔回来，最后——做窝。

师：看，喜鹊就这样一步一步，有条理地做着事呢！谁来读句子，夸夸它。

二、比较学习词语"衔回来"

师：瞧，喜鹊飞来了，找一找，哪一只是故事里写的喜鹊？（出示两幅图进行比较）

生：第一幅图中的喜鹊是故事里的喜鹊，因为第二幅图中的喜鹊是用爪子抓着树枝，第一幅图才是衔着树枝。

师：对了，故事中的喜鹊是把枯草——衔回来的。再看看，第一只喜鹊是怎样把枯草衔回来的？

生：用嘴巴把枯草衔回来的。

师：对，衔，要用嘴来衔。一起读这个字——

生：衔！

师：看，喜鹊衔着枯草回去做窝了，我们一起再读读这个句子吧。

4. 运用直观教学法

直观教学法是最为契合第一学段儿童的心理特点的教学方法。直观教学法运用于词语教学中，就是将抽象概念化的词语与直观的画面或事物对应（音画展示），用生动的动作演绎出来（动作演示），或者教师用生动的语调和形象的事例去激发学生的感情，唤起学生的想象（言语直观）。

（1）动作演示。动作演示是直观演示教学法中最常用、最有效的一种手段。它主要是以正确的动作示范来帮助学生了解词语的意思或展现词语所表现的范围,也可以运用不同的动作演示、比较,来辨析词义,体会用词的准确性。根据教学需要,教师可亲自演示,也可以让学生来演示,用肢体语言来表达自己对词语的理解。如《揠苗助长》一文中有句话:"他在田边焦急地转来转去,自言自语地说:'我得想个办法帮它们长。'"句中"转来转去""自言自语"都是本课要学习的词语,教师采用了动作演示法来帮助学生了解词语的意思:

1. 教师示范,只表演了"焦急地转来转去",但没有"自言自语"。教师问学生:"我这样演,演对了吗?"学生说:不对,因为没有把"自言自语"表演出来。
2. 请学生表演之后,再请其他学生评价:他演得好,不仅把那个人"转来转去""焦急"的样子演出来了,还把"自言自语"也表演出来了。

通过表演动作的对比、评价,学生对"转来转去"和"自言自语"所指的意思已经了然于心。一般来说,动词类的词语适宜采用动作演示的方法,如《小壁虎借尾巴》中"拨水""甩尾巴"等,《小蝌蚪找妈妈》中"迎上去"等都可以采用动作演示法进行词义的落实。

教学时,还可以将动作演示和课间操结合起来,让学生在活动中既学习了词语又活动了筋骨,便于集中精力投入下一阶段的学习。如《纸船和风筝》辨析"漂"和"飘"的词义时,正好是一堂课的中段时间,教师就安排了课间操,学生边做动作边念儿歌:

水里漂,这样漂,小船漂流慢悠悠;
风中飘,这样飘,风筝飘荡轻悠悠;
字音相同义不同,祖国文字真奇妙!

一般情况下,如果学生能将词语所表达的意思用肢体动作表现出来,那就说明已经掌握了词语的意思。教材中也有专门练习,请学生运用动作演示来理解、积累词语。如二年级下册《语文园地五》的"字词句运用"栏目:

读一读,再选择一两个词语演一演。

微笑　狂笑　傻笑　笑眯眯　笑呵呵

眉开眼笑　破涕为笑　哈哈大笑　捧腹大笑

（2）音画展示。某些名词、形容词等与学生的生活相距较远,理解上有难度,可以借助音乐、画面等直观媒介的辅助,将词语与之相对应,帮助学生理解。如《我多想去看看》一课中"壮观"一词,学生理解有难度,教师也很难用语言讲解清楚,那就不妨播放天安门广场的升旗仪式的视频。音乐的渲染、画面的直观,很快就让学生了解、体会到了"壮观"的场面。又如教学《棉花姑娘》一课中的"蚜虫""七星瓢虫",可以通过观察图片让学生认识事物,学习词语。当然,在运用音画媒体帮助学生学习词语时,要注意使用的时机,比如有的词语可以先让学生根据词语想象画面,而后再出示画面。假如学生能根据词语想象出画面,则说明已经掌握了词语的意思,而出示画面只是为验证理解的准确性。想象在前,出示画面在后,更利于培养学生的语感和理解能力。如《纸船和风筝》一课中:

小熊拿起纸船一看,乐坏了。

松鼠一把抓住风筝的线一看,也乐坏了。

两个句子中都出现了"乐坏了"这个词语,教学时可以让学生先想象小熊、松鼠乐坏了的样子,说说它们的表情、动作以及语言,而后再出示小熊和松鼠乐坏了的图片。

（3）言语直观。言语直观是指借助形象化的语言使学生形成有关表象的直观过程。较少受时空和设备的限制。通过教师的言语描述或学习者自己的阅读,可形成具体生动的形象。[1]如《我多想去看看》中"遥远的北京城""遥远的新疆"中"遥远"一词的教学。很多学生知道"遥远"就是远的意思,但到底有多远,对于学生而言,缺乏距离感和空间感。教师可以用言语

---

[1] 林崇德、杨治良、黄希庭主编《心理学大辞典（下）》,上海教育出版社,2003,第1510页。

表述:从新疆到北京,坐特快列车要40多个小时,也就是差不多要两天两夜。而课文中说,"沿着弯弯的小路,就会走出天山",假如走路去北京,猜猜要多少时间呢?这样的讲述可以帮助学生体会"遥远"的意思。

采用言语直观法进行词语教学,往往需结合想象进行,把一个原本概念化、抽象的词语在头脑中形成一个画面,运用语言表述出来。这对于培养学生语感和理解能力是有较大的益处的。教学时,尽可能地引导学生采用这样的方法进行词语学习。其实,在教材中也安排了这样的练习,如二年级上册《语文园地七》的"字词句运用"栏目就有这样的要求:

你见过下面这些词语描写的景象吗?选一两个,跟同学说一说当时的情景。

云开雾散　微风习习　冰天雪地　风雨交加

云雾缭绕　寒风刺骨　鹅毛大雪　电闪雷鸣

虽然言语直观是比较便捷的词语教学方法,但是,言语直观所形成的表象往往不如实物直观和模象直观鲜明、完整、稳定。因此,在很多情况下,言语直观要和动作演示、音画展示等直观手段相结合,如上述《纸船和风筝》教学中"乐坏了"的课例。

引导学生了解词语意思的方法还有很多,如造句、找反义词、查字典等等,教学中要根据学情和词语的特点来选择合适的教学方法。

第五节　句子教学

一、教材编排特色

句子是具有一定语调、能表达一个完整意思的语言基本使用单位，也是构成语段和篇章的基本单位。因而，句子教学在小学语文教学中具有极其重要的地位。然而，遗憾的是，在很长一段时期里，国内各个版本的小学语文教材中很少有句子的专项训练，语文课堂上也很少有教师重视句子教学。这是小学语文教学中的一个缺憾，有幸的是统编本教材在这方面有所改观，开始关注句子教学，并以语文要素分步安排在各册次中（如图所示）。

一年级上册	一年级下册	二年级上册	二年级下册
1. 认识句子，建立句子概念 2. 认识逗号、句号	1. 认识感叹句 2. 体会句子的生动性 3. 读好长句子 4. 仿说简单的句子	1. 体会句子表达的生动性和不同语气 2. 初步接触拟人句 3. 学习写话	1. 读懂句子表达的情感 2. 体会关键词语在句子表达中的作用 3. 体会比喻句的表达效果 4. 仿说较为复杂的句子 5. 学习写话

从上表可以看出：从认识句子，建立句子概念，到学习句子的表达；从

认识简单的句子到学习较为复杂的句子；从体会句子表达的生动性到学习写句子……这一过程形成了一个循序渐进的学习句子的序列。

二、教学内容与教学策略

语用学认为语言的学习要从三大方面进行研究：一是研究语言的结构规律，也就是研究"通不通"的问题；二是研究思维形式和思维规律，管的是"对不对"的问题；三是研究提高语言表达效果的规律，管的是"好不好"的问题。有效地开展句子教学，要关注这三大问题，并根据学生的特点实施相应的教学策略。

1. 关注句子的结构

第一学段学习句子的首要任务是认识句子，建立句子的概念，知道什么是完整句，什么是非完整句，为学生规范的表达奠定基础。

（1）认识句子

统编本教材第一次提出"句子"这一概念，是在第一册拼音教学中，复习"z c s"的时候，出示了"字、词语、句子"的名称。教师除了要帮助学生读准拼音字母、整体认读音节外，还要引导学生认识句子。如：

师：字呀，词语呀，手拉手，就变成了句子。谁能帮它们手拉手？（请学生将字词卡片"是""小学生""我"摆成句子）

师：句子后面还要加上小圆圈，这个叫"句号"，看到句号就表示一句话讲完了。

师：读读这句话吧！

（2）认识逗号、句号

逗号和句号是句子表达中最常用的标点符号，因此统编本教材的第一册编排了认识逗号和句号，这是认识句子所必备的知识基础。一年级上册的《青蛙写诗》第一次提出"逗号""句号"的概念，诗中写道：

小蝌蚪游过来说："我要给你当个小逗号。"

池塘里的水泡泡说："我能当个小句号。"

在课后练习中，要求圈出青蛙写的诗中的逗号和句号。

这一课是帮助学生认识逗号和句号很好的教材。在儿童诗学习过程中，教师可以结合本课引导学生认识逗号和句号。

(3)了解简单句子结构

学生是否已经建立句子的概念，一个重要的评测指标就是能否辨析完整句与非完整句。而认识完整句，则要能了解句子的内部结构，也就是知道句子是由哪几个主要部分组成的。低年级是学习句子的初级阶段，以学习简单的主谓单句为主。教师可以采用适合低龄儿童学习的方式帮助学生了解句子的基本结构，使他们养成规范表达的习惯，为今后语言学习奠定扎实的基础。

①数句子。很多有经验的教师从一年级开始就会告诉学生简单辨析句子的办法，如一句话结束，句尾有句号，有时候还会有问号、感叹号。根据这种简单的辨析方法，在学习课文时，让学生数一数一段话里有几句话。这是一个帮助学生认识句子的很有效的办法。但要注意的是，对于刚刚开始学习句子的一年级学生，数句子仅限于简单的主谓句，不要安排过于复杂的句子。

②抄写句子。抄写句子既可以帮助学生认识句子，还可以帮助学生积累句子。在教材中就有几课课后安排了抄写句子的练习。在指导抄写句子时，教师要注意教给学生抄写句子的方法，如二年级上册《雪孩子》课后，抄写句子："雪孩子变成了一朵白云，一朵美丽的白云。"

抄写句子切不可看一个字，抄写一个字。这样会使句子碎片化，失去了句子的整体性。而应该这样做：

第一步，把句子在心里完整地默默读一遍。

第二步，看读"雪孩子变成了一朵白云"，然后低头默写。

第三步,看读"一朵美丽的白云",然后低头默写。

第四步,对照,修正。

抄写句子要按照句子的结构分步抄写,形成完整的句子结构概念。久而久之,学生不仅对句子的结构了然于心,对标点符号的运用也会有一定的积累理解,形成良好的语感,为自己写句子奠定良好的基础。抄写句子的练习要注意几点:一是注意抄写重在质量,精练为主;二是注意序列,一年级以抄写单句为主,二年级逐步提高要求;三是要求抄写的句子中的字都为教材中要求会写的字。

③问答读句子。关于语文知识的学习,针对第一学段的特点,要避免采用直接讲授知识的方式。关于句子结构的知识也是如此,教师不可直接讲解,可以采用教师问,学生根据句子回答读的方式,帮助学生厘清句子的结构。如一年级上册《秋天》的第一段:"天气凉了,树叶黄了,一片片叶子从树上落下来。"可以采用问答方式读:

师:天气怎么了?

生:天气凉了。

师:树叶怎么了?

生:树叶黄了。

师:一片片叶子怎么了?

生:一片片叶子从树上落下来。

问答游戏式的互动,实际是向学生渗透了主谓单句是"什么(主语)+怎么样(谓语)"的构成。在二年级下册《语文园地一》中也安排了类似的练习:

根据不同的提问,读读下面的句子。

种子睡在松软的泥土里。
（ruǎn）

❤什么睡在松软的泥土里? ❤种子睡在哪里?
种子睡在什么样的泥土里?

教师可通过问读帮助学生了解"主语+谓语+宾语"的句子结构。教材中这个练习安排在二年级下册,但教师应该在一年级第一学期学生学习句子的起步阶段就安排一些训练,经常开展这样的问读,逐渐让学生树立完整句子的概念,为说完整句、写完整句奠定扎实的基础。

课堂现场链接

《青蛙写诗》教学片段

执教者:宁波市海曙外国语学校　谢远峰

一、品读第二、三、四小节,随文识字,认识逗号、句号

1.青蛙写诗,谁来帮忙了?请小朋友们读读课文第二、三、四小节,圈一圈。

根据学生回答,相机板贴:

小蝌蚪　水泡泡　一串水珠

(请学生根据板贴,将它们连起来说话)

2.他们分别帮了什么忙呢?请你再来读读课文第二、三、四小节,找一找。

根据学生回答,相机板贴:

小蝌蚪　　　　小逗号

水泡泡　　　　小句号

一串水珠　　　省略号

3.课间问答游戏,随机教学"当"字。

（1）原来小蝌蚪、水泡泡、一串水珠在"诗"里当了标点符号,请你读读这个字——当。(指名读,齐读)

（2）现在我来问,你来答。(指名回答)

师:小蝌蚪、小蝌蚪,当什么呀?

生:小蝌蚪、小蝌蚪,当小逗号。

师:水泡泡、水泡泡,当什么呀?

生:水泡泡、水泡泡,当小句号。

师:一串水珠当什么呀?

生:一串水珠当省略号。

（3）同桌合作、师生合作开展问答游戏。

4.小蝌蚪、水泡泡、一串水珠为什么能当小逗号、小句号和省略号呢?(引导学生发现这三种事物和标点符号之间的相似点)

（1）聚焦"一串水珠",学习"串"字。

很多水珠连成串,就当了省略号。再来读读这个词——一串水珠。

①结合字理,识记"串"字。

这个字,读——串。这个"串"字很有意思,古人用一根绳子把两个东西连在一起,写成了这样一个字——串。这是现在的串,绳子变成了一竖,两个东西变成了两个扁扁的"口",再来读一读——串。

②在生活中,除了一串水珠,你还知道有一串什么?(出示图片,引说)

一串糖葫芦、一串葡萄、一串项链……

③回读"串"字。

（2）合作读第二、三、四小节。

5.学习"们"字,发现"我"与"我们"的区别。

（1）读着读着,老师有个疑问,为什么小蝌蚪和水泡泡说"我",而一串水珠说"我们"?

（2）拓展运用理解字义,巩固"们"字音:小朋友,你一个人就说——我,你与同学们在一起就可以说——我们,再来读读这个字——们。

二、品读第五小节,读好逗号、句号停顿

1. 有了小伙伴们的帮忙,青蛙的诗写成了吗?你是从哪儿知道的?(根据学生回答,课件出示青蛙的小诗)

2. 你能在青蛙写的小诗中找出小逗号和小句号吗?赶紧读一读,找出逗号、句号,圈一圈。

3. 听,小青蛙读它自己写的诗了!(课件播放录音)小青蛙读得好听吗?听听它有什么秘诀?(画外音:读好句子有办法,逗号停得短一点,心里数一,句号停得长一些,心里数一、二。)

4. 学生练读青蛙的诗,读出逗号和句号的停顿。(教师以手势提醒学生停顿的时长)

过渡:小青蛙会——写诗,小朋友会——写字。现在我们开始学写字啦!

……

三、结课环节:拓展延伸,巩固标点停顿

1. 小朋友们,看,小青蛙又写了一首诗,谁会读?(课件出示:"呱呱呱,呱呱呱,呱呱呱。呱,呱,呱!"提示学生注意读出逗号和句号的停顿。)

2. 知道它在说什么吗?(画外音,课件出示:"小朋友,爱读书,会写字。棒,棒,棒!")

3. 我们也来夸夸自己吧。(齐读:"小朋友,爱读书,会写字。棒,棒,棒!")

2. 关注句子内部关系

完整句子的内部必然存在天然的意义联系,也称逻辑关系。了解句子内部关系,对于学生今后的学习意义重大。一方面,它有助于理解句意,提升学生的阅读理解能力;另一方面,它对训练学生的逻辑思维大有益处,可以避免思维和表达上出现逻辑混乱的情况。教学时,应该选用简单复句或句群为语例,引导学生了解句子前后的关系或者各分句连接的方式。

例如，一年级下册《要下雨了》中燕子说的话："要下雨了，空气很潮湿，虫子的翅膀沾了小水珠，飞不高。我正忙着捉虫子呢！"燕子说了两句话，第一句话和第二句话具有因果关系；而第一句话各分句之间也存在多重因果关系，给学生造成理解上的难度。为此，老师可借助学习导图，利用引读的方法化解难点，帮助学生厘清句子之间的关系，读懂句子：

师：因为要下雨了，所以……
生：空气很潮湿。
师：因为空气很潮湿，所以……
生：虫子的翅膀沾了小水珠。
师：因为虫子的翅膀沾了小水珠，飞不高，所以……
生：我飞得很低，忙着捉虫子。

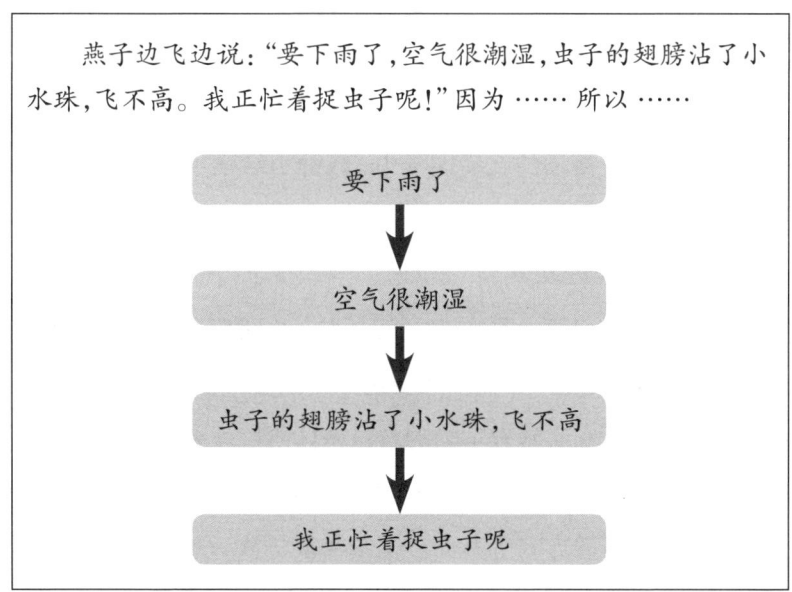

二年级下册《沙滩上的童话》中有个长句子："在沙滩上，我们垒起城堡，城堡周围筑起围墙，围墙外再插上干树枝，那就是我们的树。"这句话中，前

一个分句末尾的词语是下一个分句的开头,使相邻的句子首尾蝉联,上递下接,是顶针句。顶针句在儿童文学作品中比较常见。如二年级上册《寒号鸟》一课中:"石崖前面有一条河,河边有一棵大杨树,杨树上住着喜鹊。"教学时,教师不必讲顶针的术语和相关的知识,而可以采用低年级儿童可以接受的形式引导学生感知,如《沙滩上的童话》一课顶针句的教学可做以下安排:

教师引读:在沙滩上,我们垒起(城堡),(城堡)周围筑起(围墙),(围墙)外再插上干树枝,那就是我们的树。

括号里的部分由学生填空读。

读完之后,教师问:读着读着,小朋友们有什么发现?

学生:前面一句话的最后一个词,是下一个句子的开头。

教师:是呀。这个句子就像接龙一样,多有趣啊!让我们再来接龙,读读这句话。

男女生接读句子。

在这样的引读、接读的互动朗读中,教师引导学生发现句子内部的关系,也使学生巧妙地积累了语言。

3. 关注句子的表达效果

句子教学除了要让学生读懂句子写了什么,还应该引导学生去体味句子是怎么写的、写得怎么样,以便将表达方式积累在心,最终达到厚积薄发的目的。因此,教师在实施教学前的教材研读阶段就要有意识地关注文本中句子的表达效果,关注写得怎么样,如词语的选择和搭配,句子的锤炼和选择,运用恰当的修辞方式等方面。统编本教材从一年级下册开始在课文后的习题或《语文园地》中安排了很多体会句子表达效果的内容,大致有以下几种类型:

(1)关注简单修辞

句子的生动形象，与运用一定的修辞手法有不可分割的关系。因此学习句子就不可避免地要学习一定的修辞方法。《义务教育语文课程标准》列出了九年义务教育阶段常见的修辞格：比喻、拟人、夸张、排比、对偶、反复、设问、反问。在小学第一学段，要防止要求过高，更要防止讲解修辞方法太枯燥。大部分修辞方法只能结合课文中具体的语例，通过直观形象的方法适度渗透，在语言实践活动中学习运用。如二年级上册《语文园地七》"字词句运用"栏目：

读读下面的句子，说说有趣在哪里。

①"我要把自己藏起来。"雾把自己藏了起来。

②调皮的风拿了我的手绢，擦过了汗，扔到地上；又拿了妹妹的圆帽子，当作铁环滚走了。

这个练习，实为引导学生体会拟人句的表达效果。教学中，教师注意采用低年级儿童易于接受的方法开展教学。如句子①取自《雾在哪里》一文，课文全篇都是用拟人的手法写的，这个练习可以让学生结合《雾在哪里》的课文来谈这样的表达有趣在哪里。句子②可以引导学生联系生活，体会作者将"风"当作生活中调皮的孩子来写的趣味性。在此基础上，还可以引导学生拓展仿说，调皮的风还做了什么事。如调皮的风扯掉妈妈晾在绳子上的衣服，当作了风筝，又抢了奶奶的阳伞，当作降落伞……让学生积累比拟的修辞方法并能运用于语言实践中。

（2）关注关键词语

句子是由词语组成的，词语运用是否准确妥帖，直接影响到句子的表达效果。句子教学时关注词语的运用和锤炼是最为基本的任务。一般我们可以从用词的准确性、生动性等方面来关注。这类练习在教材中的课后或《语文园地》中安排得比较多，大多以朗读和比较的方式来引导学生关注重要词语在句中的表达作用。如二年级下册《雷雨》一课的句子："一只蜘蛛从网上垂下来，逃走了。"其中动词"垂下来"用得非常准确，教师可以采用比较法展

开教学:

学生读句子:"一只蜘蛛从网上垂下来,逃走了。"

师:他把这个词读得很准,我们一起读。(出示词卡"垂下来",学生齐读)

师:老师把这只蜘蛛请到教室里来了,看我来演一演,它是怎样逃走的。

(教师先拿出一只蜘蛛模型,在黑板上演绎蜘蛛慢慢地爬下来的动作)

师:我演得对吗?

生:不对,这不是"垂下来",是慢慢地"爬下来"。(出示词卡"爬下来",学生齐读)

师:哦,那我重新演。(教师一松手,"蜘蛛"从黑板上掉下来)

生:不对,不对,这不是"垂下来",这叫"掉下来"。(出示词卡"掉下来",学生齐读)

师:那怎么样才是"垂下来"呢?你能告诉我怎么演吗?

生:头往下,蜘蛛屁股后面一条线挂着下来……

师(按照学生说的演):这回对了吗?

生:对!

师:你看,蜘蛛靠丝的帮忙,既安全又快速地逃走了。这句话谁能读得更好?

请一位学生读,再齐读。

比较法是帮助学生体会用词准确性和生动性非常有效的教学方法。以上教学中教师采用"演一演"游戏式的方法,巧妙通过近义词比较体会用词的准确性,并将语言实践融入活动过程中,使学生在轻松、愉悦的学习氛围中习得语言。

(3)关注标点的作用

标点符号在句子中起着表达情感的重要作用。同一个句子用上不同标

点,所表达的情感具有明显的区别。如《我要的是葫芦》课后安排的习题:

> 读一读,注意句子不同的语气。
>
> 有几个虫子怕什么! 　　叶子上的虫还用治?
> 有几个虫子不可怕。 　　叶子上的虫不用治。

通过读读体会,引导学生发现标点不同,句子所表达的情感有明显的变化。

除此之外,还可以关注语气词在表达情感中的作用。如《要下雨了》一文中,在小白兔与其他小动物的对话中,含有很多语气词,其中有"吗""吧"等。有教师在教学巩固阶段,组织了以下教学:

第一步,读读下面的句子。

1. 是要下雨了

2. 小白兔,赶快回家

3. 小明,这是你的书包

4. 让我们唱一首动听的歌

第二步,把"吗""吧"填进句子后面的括号里,再读一读。

1. 是要下雨了(　　)?

2. 小白兔,赶快回家(　　)!

3. 小明,这是你的书包(　　)?

4. 让我们唱一首动听的歌(　　)!

读读填好的句子,再和前面的句子比一比,你发现了什么?

生1:"吗"和"吧"都是口字旁的字。

师:是的,你发现了两个生字字形上的共同点。

生2:这几个字都在句子尾巴上。

师：真会发现，你发现了它们在句子中的位置。

生3："吗"后面用问号，"吧"后面用感叹号。

师：你发现了这些字后面跟的标点符号不同，不过"吧"有时候也会在问句中出现，比如"你一定已经把作业完成了吧？"

生4：我还发现，第一个句子"是要下雨了"就是告诉我们要下雨了。在句尾加上"？"就变成在问别人是不是要下雨了。

师：这是个伟大的发现！是的，加上"吗""吧"这样的词，句子表达的语气有了变化。其他句子也读读，比较一下看看。

第三步，用"吗""吧"仿造句子造句。

_____吗？

_____吧！

教师在教学中没有机械地告诉学生语气词的特点和作用，而是借用四个句子，在读读、填填、比比这些具体的语言实践活动中，引导学生一步步发现这些词语的特点和在句子表达上的作用。

句子教学时要注意以下几点：

1. 注意过程的展开

《义务教育语文课程标准》的"三维目标"中"过程和方法"是重要的目标之一，但很多老师并不重视过程，而是急于收获结果。小学生掌握知识技能，绝不可能一蹴而就，而是需要在过程中实践习得。观察众多成功的课例，成功的原因并非是华美的课件、热闹的场面，而是让我们看到了学生真正从不会到会，从一知半解到充分领悟的过程。我们观察体育学科教师教学生一种体育技能，总是先把动作分解成一个个动作要领，然后逐步整合成连贯的动作，通过多次练习，使学生最后熟练掌握。这种分解动作的做法，使学生学有所获。我们也可以将此法运用到低年级句子教学中，让学生经历学习的过程。一般来说，句子教学的过程包含以下几个环节：一是读懂句子写了什么,也就是句子表达的内容;二是了解句子怎么写的,包括了解句子的构成、句子的表达特色以及体会句子所表达的情感;三是仿写运用(注意:仿写运用可以课后就及时落实,也可延后进行,应视学情而定)。

2.注意多方的整合

句子是由字词组成的,字词运用得是否准确贴切直接影响句子的表达效果,所以我们在学习句子的表达时有必要去斟酌用字用词。同时,句子又是学习字、词的语境,是识字、学词的土壤,因而教学中,我们可以依托句子进行识字、学词。二者相辅相成,相得益彰。如《揠苗助长》一文中,描写揠苗者的句子:"他在田边焦急地转来转去,自言自语地说:'我得想个办法帮它们长。'"教学这个句子时要与字词教学整合:

师:读读第一自然段,想想哪个词写出了他当时的心情?

生:焦急。

师:这个词还能换成哪个词?

生:着急。

师:哪个词语更加急呢?你知道原因吗?

(教师出示"焦"的古字形:䧹)

师:这是"焦"最早的字形,看着这个字猜猜它的意思。

生:一只鸟放在火上烤,小鸟心里着急极啦!

感受"焦急",读好句子。

以上教学片段抓住了核心的词语"焦急"展开教学,给"焦急"找近义词,再探究"着急"和"焦急"哪个词的意思更急。"焦"字的字理分析,为"焦急"词义的落实做了很好的铺垫。同时通过"焦急"与"着急"的比较,学生体会了作者用词的准确，促进了句子教学。可以说字、词、句三者的教学是不可分割的结合体。同时，句子教学还可与朗读训练结合，与阅读理解结合，与理解运用结合。总而言之，句子教学不是"孤胆英雄"，不可"孤身奋战"，要努力做到与多方合作，打好"群众战役"。

3. 注意知识梯度

观察众多课堂，我们会发现落实句子教学存在两大误区：一是教学随意性，教师看到什么教什么，胡子眉毛一把抓；二是教学缺乏梯度，同一个语文知识，不同年级反复在教，而没有提升。要走出误区，我们一定要注意知识的序列性，关注学生的年段特点：

（1）选择教学内容，注意学段目标

统编本教材中保留了一部分人教版教材中的课文。虽然课文内容是一样的，但课后的思考题却做了修改，细加研读，会发现这些变化是基于学段目标、年级目标而做出的调整。如，人教版教材一年级上册《小小的船》的课后题：

> 我会说：
> 弯弯的月亮像_____。
> 蓝蓝的天空像_____。
> 闪闪的星星像_____。

统编本教材中这篇课文的课后思考题改成：

> 读一读，照样子说一说。
> 船　小小的船
> 月儿　弯弯的月儿
> 星星　闪闪的星星
> 天　蓝蓝的天

比照两个练习的设计我们发现，修改后的训练目标更符合一年级第一学期学生的特点。一年级学生刚刚接触比喻句,只要让他们了解比喻句的本体与喻体(当然不能讲这样的专业术语)之间具有相似的特点即可,如教师让学生说说小船和弯弯的月儿之间有什么相似的地方。人教版教材要求学生仿说比喻句,在教学实践中我们会发现,学生造出了"我像妈妈""月亮像月饼"之类的错句或不恰当的比喻句,这也说明仿说比喻句的要求超越了一年级第一学期学生的能力。统编本教材将这课的练习进行了修改,定位为仿说短语,其目标是恰当的。

(2)相同知识点,体现训练梯度

句子的教学既要关注年段的特点,又要选择符合学生最近发展区特点的内容开展教学。同时,教师还要有全局意识,通读全套教材,了解小学阶段语文知识的分布,准确把握学习目标的序列。切忌"一见就教",教学的成果无提升,只是平面移动。比如比喻句,很多教师从一年级到六年级一直在教,可是要求几乎一样,这是一种无效的教学。正确的做法是:针对在不同的学段中经常出现的常用句式,根据学生学习的需求制订相应的学习目标,体现梯度,螺旋上升。还是拿比喻句来说,在小学阶段可以体现以下梯度:

年段梯度	第一学段	第二学段	第三学段
内容	学习简单比喻句,本体、喻体齐全,比喻词一般为:"像""好像"等	内容上更丰富些,表达效果也更生动形象	复杂比喻句,暗喻、借喻;不同的比喻词;同一句比喻句中有不同喻体等
要求	初步了解简单的比喻句,能读懂比喻句中的"把什么比作什么";尝试运用简单比喻句说话、造句	了解比喻句在表情达意上的作用,能将比喻句运用到习作中	鉴赏比喻句的恰当和精妙,并能在写作中恰当地运用比喻句

只有充分遵循学情,基于语用知识,科学地、艺术地开展句子教学,做到深入浅出,才能让学生学得更为有效,为学生将来学习段和篇打下坚实的基础。

《葡萄沟》教学片段

执教者：宁波市孙文英小学　臧郁菁

一、以一个句子为例，示范读懂句子写了什么

1.让我们去看一看人们最喜爱的葡萄吧。哪一段是具体描写葡萄的呢？（第二段）

数数这一段共有几句话，用手势告诉老师。

2.要读懂一段话，就要先了解每一句讲了什么。让我们先来看看第一句。谁来读？

（1）请生读第一句。"葡萄种在山坡的梯田上。"这句话写了什么？葡萄种在哪里？

（2）出示词卡"山坡的梯田"。看，这就是山坡的梯田（看图理解），再次读词卡。

3.你能学着老师的样子，在其他几句话中圈一个词组来回答"这句话主要介绍了什么"吗？学生自读、圈词语。

二、反馈交流，指导学习重点句子

1.生读第二句："茂密的枝叶向四面展开，就像搭起了一个个绿色的凉棚。"

这句话向我们介绍的是什么？

预设：学生可能对"茂密的枝叶""绿色的凉棚"有异议，这时，让学生充分读文后体会。

（1）联系生活理解词语。在生活中，你在哪里看到过茂密的枝叶？（出示图片）看，这就是茂密的枝叶。引读"茂密的枝叶向（四面展开），就像（搭起了一个个绿色的凉棚）"。（出示图片：绿色的凉棚）看，这就是绿色的凉棚，绿色的凉棚和茂密的枝叶有什么相似的地方呢?

（2）创设情境,促进理解比喻句。在烈日炎炎的夏天,我们大汗淋漓地走进连阳光都照不进的枝叶下,就像走在(绿色的凉棚)底下。炎热的夏天,要是我们能在这茂密的枝叶下乘凉,就像在绿色的凉棚下乘凉,该有多舒服啊!谁能把这份舒服读出来?自由练读,指名读句子。

现在你们知道这句话主要向我们介绍什么了吗?圈出词组(板贴"茂密的枝叶")。

2.到了秋季,让我们一起去茂密的枝叶下看看吧。请学生读"到了秋季,葡萄一大串一大串地挂在绿叶底下,有红的、白的、紫的、暗红的、淡绿的,五光十色,美丽极了"。

这句话主要讲了什么?在你眼前仿佛出现了怎样的葡萄?

预设一:颜色多

颜色真多,教师引读表示颜色的词语。表示颜色多的词语,你还知道哪些?(出示:五颜六色、五彩缤纷)为什么作者偏偏用"五光十色"来形容葡萄呢?(出示图片,读词卡"五光十色的葡萄",板贴)

这么美、这么诱人的葡萄,你能读好吗?有感情地朗读。

预设二:数量多

朗读表现"一大串一大串"。

这么多、这么美的葡萄,怪不得人们说——齐读中心句:"葡萄沟真是个好地方。"

3."要是这时候你到葡萄沟去,热情好客的维吾尔族老乡,准会摘下最甜的葡萄,让你吃个够。"

（1）葡萄沟不但葡萄美,那里的人也美,看,什么人来了?(出示图片)这就是"热情好客的维吾尔族老乡"。读好词组。

（2）课文哪里让你感受到他们的热情好客呢?

①换词理解"准会"。

预设：一定会、肯定会、绝对会。

②情境理解"吃个够"。

如果你在炎热的夏天来到葡萄沟旅游，维吾尔族老乡捧着香甜可口的葡萄向你走来，让你尽情地吃、放开肚子地吃，你会吃得怎么样？

预设1：我吃得肚子也快撑破了。

预设2：我吃得满嘴都是甜味。

预设3：我吃得饭也吃不下了。

(3) 这句话在向我们介绍什么呢？朗读词卡"热情好客的维吾尔族老乡"，课件圈出词组，板贴。

看，葡萄沟不但葡萄多，而且那儿的维吾尔族老乡热情好客，怪不得人们说——齐读中心句："葡萄沟真是个好地方。"

三、回归整体

课文就是从葡萄种在哪儿、枝叶、样子、维吾尔族老乡这几个方面来介绍葡萄的。让我们一起再来读一读这个自然段吧。男女生配合读。

第六节　朗读教学

一、教材编排特色

全国著名小学语文专家崔峦说过，低年级语文要做到"三好"：识（写）好字、学好句、读好文。读，包括有声朗读和无声默读。朗读不仅是第一学段重要的教学内容之一，也是其他年段语文学习的重要内容。朗读的好处很多，学生可以把对文本的理解，融入自己的朗读中，用声韵表现出来；在诵读中感受文学作品的音韵美、节奏美、气势美。长期坚持诵读，还能养成眼到、口到、耳到、心到的良好的诵读习惯。语文教育的老前辈叶圣陶先生曾经说过："吟诵的时候，对于讨究所得的不仅理智地了解，而且亲切地体会，不知不觉之间，内容与理法化而为读者自己的东西了，这是最可贵的一种境界。"[1]

《义务教育语文课程标准》关于"阅读"第一学段的目标要求是："学习用普通话正确、流利、有感情地朗读课文。学习默读。"回顾老版本的教材，我们会发现，以往教材中朗读的要求大多为"有感情地朗读课文""正确流利地朗读课文"等模糊笼统的要求。教师们在教学中落实朗读要求，也是目标模糊，或者缺乏年段目标的层级性要求。统编本教材在"读"的要求上更为明确且更为合理，体现了年段性和序列性。如下图：

---

[1] 叶圣陶、朱自清：《精读指导举隅　略读指导举隅》，河南教育出版社，1989，第11页。

```
1. 读好句子语气（重音/问答的语气）
2. 分角色朗读
3. 有感情地朗读课文
4. 读好对话
5. 读好喜欢的部分
```

```
1. 分角色朗读
2. 读好反问/感叹/祈使句
3. 读好人物说话的语气
```

```
1. 读好感叹句
2. 读好对话
3. 读好长句
4. 分角色朗读
```

```
1. 读准字音，注意变调
2. 读好逗号/句号的停顿
3. 分角色朗读
```

（一）从读正确到有感情朗读的提升

一年级上册课后提出的大多是"朗读课文，读准字音"的要求。一年级下册《我多想去看看》第一次提出"读好带有感叹句的句子"，《要下雨了》《动物王国开大会》《棉花姑娘》出现"分角色读一读""读好课文中的对话"的要求，到二年级上册继续进行分角色朗读的训练，朗读的要求逐步提高。通过梳理这些关于朗读的练习，笔者发现，除了二年级下册教材提出过一次"有感情朗读"的要求，其他册次教材没有提出"有感情朗读"这一笼统的概念。那么，我们应该如何理解这样的安排呢？

首先，对一年级第一学期学生，不要求有感情朗读。朗读目标定位为读正确，即不读错字音、不漏字加字，读好停顿，不读破词破句。

其次，"有感情朗读"的要求具体、细化，避免抽象、概念化。教材中关于"有感情朗读"的要求细化为"分角色读一读"，"读好带有感叹号的句子"这样具体化的要求。教师在教学时，应该引导学生在学习语言、体会角色情感的基础上，用朗读自然地表达自己的阅读体验，要避免机械地告知学生哪里要读重音,哪里要声音往上扬等等。

(二)从标点停顿到语义停顿的提升

"读句子,注意读好停顿。"这一要求也是逐步提升的。一年级上册"读好停顿"主要指的是标点停顿,如逗号和句号的停顿。如《青蛙写诗》课后首次提出认识逗号和句号的要求,是读好标点停顿的起步性的训练。教学时教师要充分利用课文资源进行落实,可以展开这样的教学:

1. 读读课文,说说为什么小蝌蚪能当小逗号,水泡泡能当小句号。了解它们之间的相似之处。

2. 圈画出青蛙写的诗中的逗号和句号。

3. 怎样把青蛙写的诗读好呢?读好停顿。读好诗有秘诀:逗号停得短一点,句号停得长一些。

4. 按照朗读秘诀,自己读好青蛙的诗。

一年级下册《端午粽》,第一次提出"读好长句子"的停顿,之后的课文课后练习又提出读好长句子的要求。长句子中的停顿涉及语义停顿,是更高层次的要求。教师在落实这一要求时要注意以下几点:一是在刚开始训练读好长句子的停顿时,教师的范读很重要,学生从模仿起步;二是语义停顿要注意声断气连,与标点符号的停顿有所区别;三是朗读的停顿与对句意的理解有密切联系,要结合阅读活动进行练习。

(三)同一种朗读要求,注意前后关联,螺旋上升

如一年级上册《秋天》课后提出,注意"一"的不同读音,之后的识字课《大小多少》再一次集中出现了"一"字不同读音,这正是复习巩固这个朗读训练点的契机。教师要引导学生从学习到巩固,使学生逐渐掌握"一"字的变调读法。

又如,一年级下册开始提出读好长句子的停顿,虽然第一次提出"注意

"读好长句子"要求的是在第三单元《端午粽》《彩虹》的课后习题中,但在第一单元课文学习时,就应该有机渗透。如《吃水不忘挖井人》课文中的句子:"毛主席就带领战士和乡亲们挖了一口井。"假如没有句中的语义停顿,是不能读好这句话的。因此,教学这一课时,就可以适度开展读好长句子停顿的练习。

一年级下册教材安排了很多读好对话的训练。如《小公鸡和小鸭子》要求读好小公鸡和小鸭子的对话,《要下雨了》要求读好小白兔和燕子、小鱼、蚂蚁的对话,《动物王国开大会》要求分角色表演,《棉花姑娘》课后要求"读好文中的对话"。从读好对话到分角色朗读课文,再到分角色表演,要求逐步提升。要达到"读好对话"的目标,首先要读懂课文的大致意思,知道是谁和谁之间的对话,明确角色分工。其次要结合学生自己的生活经验,读好对话的语气。在此过程中,若学生遇到困难,教师要做出范读,加以引领。

二、教学策略

(一)夯实朗读基础

建造一座高楼,从一砖一瓦开始。朗读一篇文章,从一字一句开始。读不准字,如何读好词?读不对词,如何读好句?无法把句子读正确,读通顺,自然构不成文章的美读。扎实地训练读字、词、句,是培养朗读习惯和阅读能力的根本。

1. 字正

(1)重视拼音正音

"拼音是识字的拐棍",但它更大的作用是正音。教师应借助拼音教学,帮助学生改善语音面貌。例如,吴语区的人读不准翘舌音、前后鼻音。教师通过示范,使学生明确唇形、舌位、口腔开合度,反复听读,直到能发准翘舌音和前后鼻音。教师还可根据具体问题,有针对性地教学生一些小窍门。比如学生发不准"an",主要因为不懂如何发出鼻音"-n"。教师可以让学生在发音收尾时,牙齿轻轻咬住一点舌尖。这样学生就能从"a"音,过渡到"-n"音,从而读准前鼻音。

(2)重视难字落实

低年级课文识字量大。教师要根据学情准确预判难读字,多加练读。比如,一年级下册《端午粽》,课题中两个生字"端"和"粽","端"前鼻音难读,"粽"容易读成翘舌音。教师应先让学生读准单个字,再读带有"端"和"粽"的生词,反复读,多形式读。在之后的教学中,一旦学生读错,应马上正音。如此才能读准难读字,为朗读扫清障碍。

2. 词准

词语教学是低年级语文教学的重点,也是朗读指导的关键。教师指导学生读词语,除了正确,还应强调有节奏,不拖拉。另外,一些特殊的词语,要关注读音、读法。

(1)重视读好节奏

低年级学生读词爱拖长音,这是幼儿期发声习惯的延续,教师应及时纠正。要做到有节奏地读,首先,语速不能过慢;其次,字与字之间不能连音;再次,语调音量适中,这样发出的声音才能有精气神。

(2)重视读好轻声、变调、儿化音

①读好轻声。汉语普通话音节都有固定的一个声调,可是某些音节在词和句子中失去了原有的声调,读成一种轻短模糊的调,这就是轻声。教材中的轻声词大致有以下几类:

类别	一年级教材举例(加点的字读轻声)
语气词	吧、吗、啊、呢(常见句尾)
助词	着、了、的、得、地(常见句中)
名词后缀	影子、猴子、身子、步子、石头、木头
名词、动词重叠	星星、哥哥、爸爸、看看、说说、谢谢

续表

类别	一年级教材举例（加点的字读轻声）
约定俗成	萝卜、蘑菇、耳朵、云彩、地方、喜欢

对于必读轻声的词，统编本教材都以蓝色标注，教师留意即可。另外，教师要特别注意"们"字的轻读，最常出现的"我们""你们""他们"，学生很容易把"men"，读成"mēn"。错读习惯一旦养成便很难改，因此阅读教学刚起步时，教师要关注每个学生，时时正音。

②读好变调。在连续发出汉语音节时，其中有一些音节的声调受后面音节声调的影响，从而发生改变的现象，叫变调。"一"的变调是课文中最为常见的，也是一年级学生较难掌握的朗读难点，它的变调规律如下：

变调规则	一年级上册教材词例
作为序数词或只单独作数的情况或处于词末的情况下读阴平	一二三四五、语文园地一
在去声前面读成阳平	一会儿、一串水珠、一片片叶子
在阴平、阳平和上声前应读去声	一只、在一起、一把伞、一幅画
两个相同动词之间读轻声	读一读、比一比、说一说

统编本教材十分重视"一"字变调的正确朗读。首先，在《秋天》课后强调"朗读课文，注意'一'的不同读音"。文中也标出了"一"变调后的读音。因此，教学时，教师应重视引导学生借助拼音读准"一"。其次，上册《大小多少》中"一"频繁变调，朗读难度大，教师可采取反复、对比朗读的办法，帮助学生感知变调规律，形成语感。

③读好儿化音。汉语普通话中一些词汇的字音韵母因卷舌动作而发生音变现象，这种现象叫作儿化。儿化音，对于南方学生来说，读好有难度。教师要做示范，教给学生正确的发音方法，读准儿化音。例如《秋天》中的"一会儿"，《青蛙写诗》和《雨点儿》两课中出现的"雨点儿"。要注意的是，在诗歌、散文等抒情类文体中，有些带"儿"的词语可不读儿化音，如《小小的船》中的

"月儿""船儿"（教材都有准确标识），教学时要与儿化音区分开。

3. 句顺

做到"字正词准"后，重点指导读句子。句顺的要求包括根据标点符号的不同，做出不同时长的停顿；读长句子，做到不破句、不打顿、不重复。这样读句子，也就达到通顺、流利的朗读要求了。

（1）不同标点，停顿不同

由于标点符号在语句中的作用不同，停顿时间的长短也就不一样。一般规律是，句号＞问号＞叹号＞分号＞逗号＞顿号。冒号、省略号、破折号停顿的时间有伸缩性，可根据具体语境而定。

教师应抓住特殊句例，引导学生加以练习。例如，教学《青蛙写诗》一课时，学生第一次认识逗号、句号，教师可以告诉学生朗读的小秘诀——逗号停得短一点，心里数一；句号停得长一些，心里数一、二，以帮助学生掌握不同标点的停顿时长。

一年级下册《四个太阳》中："高山、田野、街道、校园，到处一片清凉。"这也是练习标点停顿的极好资源。教师可以通过范读，让学生直观感受到朗读句子时如何根据标点做相应的停顿，方能使语义清晰，有节奏感。除此之外，段与段之间的停顿比句与句之间更长。这些都是朗读的基本知识，教师在学生朗读练习时应予以提醒。

以上讲的标点停顿是一般规律，具体朗读时要根据不同的语境灵活处理。如《咕咚》："不好啦，不好啦，'咕咚'来了，大家快跑哇！"为了表现小猴子的慌张，可以把"不好啦，不好啦"之间的停顿缩短，连读。

（2）长句停顿，有效指导

长句停顿涉及语义停顿。在汉语表达中，语义停顿与意思表达的关系相当紧密，语义停顿不当、断句不正确就会产生表达的歧义。在民间有很多因断句产生的歧义，如：

①下雨天留客，天留我不留。（主人自白心声：天虽要留人，我不愿留客人。）

②下雨天留客,天留我?不留。(客人自问天意要留住自己吗?客人的决定是不留。)

③下雨天留客,天留我不?留。(客人自问自答,天爷是否要我留?客人自答:对,正是要我留下。)

以上例子说明了停顿在表达中的重要性。长句子的朗读对于第一学段刚刚开始练习朗读的学生来说,是一大难点。统编本教材尤为重视长句的朗读指导,在一年级上册《雨点儿》课后要求中,针对文中最后一段,提出"读下面的句子,注意读好停顿"的要求,到了一年级下册《端午粽》《彩虹》更明确指出"朗读课文,注意读好长句子"。当然,长句朗读的训练远不止这两课,教师预设时,要准确把握学生的朗读难点,做出相应的指导。例如,《夜色》中最后一句"从此再黑再黑的夜晚,我也能看见小鸟怎样在月光下睡觉……"学生若读不好,教师可以先范读,再出示"从此/再黑再黑的夜晚,我也能看见/小鸟/怎样在月光下睡觉……",并点明遇到长句时,可以运用停顿的方法,把句子读通顺,之后结合自由读、指名读等方式、齐读等方式,进行巩固。这样扎实的指导训练,不仅解决了朗读难点,也帮学生积累了长句朗读的经验。

"读好长句子"的教学,要注意几点:

一是要与阅读理解相结合。断句和意思相关,若句子的意思理解错了,停顿也就错了。同理,若停顿错了,句子的表达就会产生歧义。如二年级下册《画杨桃》一课中"我的座位在前排靠边的地方,讲桌上/那两个杨桃的一端/正对着我"句子的朗读。学生受思维定式的影响,容易把"端"和"正"连成一个词语,读成:"我的座位在前排靠边的地方,讲桌上/那两个杨桃的一/端正对着我。"显然,这样的停顿是错误的。要避免这样的错误,需要整体把握句子的意思,理解了语义才能做出正确的停顿。

二是要分层推进。第一个阶段,发挥教师范读的作用,学生注意倾听并模仿;第二个阶段学生可以借助停顿符号,自主练习停顿朗读;第三个阶段,提倡学生根据自己对句子的理解做出正确的停顿判断。

(二)关注朗读的情趣

朗读是把书面语言转化为规范的有声语言的再创造过程。也就是说，朗读要运用普通话把文字清晰、响亮、富有感情地读出来，使无声的书面语言变成活生生的有声的口头语言，使文字这个视觉形象转变为听觉形象。第一学段学生因阅读理解能力尚薄弱，因此，朗读教学需要教师结合阅读活动进行引导，加强阅读理解，激发学生的朗读兴趣，让朗读成为理解课文后情感饱满的自然表达。

1. 与文本共情

一年级孩子阅历有限，教师要想方设法，或联系生活，或创设情境，或启发想象，调动学生已有的生活经验和情感体验，加深对文本的理解，生发朗读情趣。

(1)联系生活,唤醒体验

低年级教材课文中所描写的主人公，大多与学生年龄相仿。教师指导朗读时，可以架起文本与生活的桥梁，唤醒学生的情感记忆，从而读好句子。例如，教学一年级下册《我多想去看看》，指导学生朗读："我对妈妈说，我多想去看看，我多想去看看！"一学生站起来读，语气平淡。教师问："你去过迪士尼乐园吗？"学生说："没去过。"教师又问："当别的同学告诉你那里有多好玩时，你是什么心情呢？"学生说："很想去。"教师再引导他带着这种心情读，他的语调顿时变得迫切，感叹句的朗读也水到渠成。

(2)创设情境,加深感悟

低年级教材中有很多童话类课文。教学这类课文时，教师应多创设情境，让学生进入角色，身临其境才能体察融情。例如，一教师在教学一年级下册《树和喜鹊》时，指导朗读"树很孤单，喜鹊也很孤单"。教师创设情境，将学生带入童话情境，让他们化身成童话中的角色——小树、喜鹊，展开以下教学：

师：小树小树，你的周围没有一个朋友，你想说什么？

生1：我觉得好无聊啊！

生2：一个人孤零零的，很难过。

生3：都没有人和我说话。

师：喜鹊喜鹊，你没有兄弟姐妹，也没有一个朋友，你想说什么？

生4：我多想有个人来陪我啊！

生5：要是我有朋友，那该多好啊！

师：是呀！小树、喜鹊，你们都很孤单（出示词卡：孤单）。读好这个词。

师：现在你能带着这样的感受来读好这句话了吗？

学生读。

（3）想象画面，催发情感

低年级学生有着丰富的想象力。教师可以鼓励学生边读课文边想象画面，或者充分挖掘文本空白，让学生自由展开想象，也可适当提供画面，催生动态想象。当白纸黑字变成有声有色的光影画面时，兴趣自然产生，朗读就能生动、有活力。例如，教学一年级下册《四个太阳》第一个自然段时，教师先出示炎热夏天的图片，让学生说说画面中的景物热成什么样了，指导学生读好第一句后，接着采用想象法进行第二句的朗读指导：

师：小明给夏天挂上了绿绿的太阳后，大地上有什么变化？

生：刚才卷起来的叶子展开了。

师：小花呢？

生：小花不再垂头丧气了。

师：想象一下，绿绿的太阳照到街道上，行人会怎样？

生：行人会说，啊，好凉快啊！

师：绿绿的太阳化成一股清风吹进教室里，小朋友们都说——

生：真舒服啊！

生：好凉爽啊！

师：是呀，多么清凉啊！谁来读好这句话？

生：高山、田野、街道、校园，到处一片清凉。

2. 借"外力"激趣

低年级学生注意力集中能力较弱，如果整节课教学手段单一，学生会很快进入疲惫状态，学习效果降低。教师需要根据文本特点，采用多样化的教学手段，不断激发学生的兴趣。朗读指导可以借助一些"外力"，以达到理想的效果。

（1）动作表演

心理学研究表明：肢体动作能增进思考与记忆。低年级学生好动，对表演特别感兴趣。让学生借助动作加深对文本的理解，通过表演激发学习的兴趣，有一石二鸟之效。例如，教学一年级下册《棉花姑娘》第二自然段时，采用演读法：要求学生加上动作，读出语气。学生的表现精彩纷呈："棉花"弯着腰，双手做个"请"的动作，语气恳切；"燕子"摆着手，"对不起"说得真切自然。在动作表演中，对话完成得有声有色。

（2）媒体音画

媒体音画在遵循文字先行的原则下，运用得当，亦能有效调动学生的兴趣。例如，《我多想去看看》一课中的"遥远的北京城，有一座雄伟的天安门，广场上的升旗仪式非常壮观"，句中"雄伟""壮观"这样抽象的词语，学生不理解，朗读时便难以融入情感。教师先让学生熟读句子，再适机播放天安门升旗仪式的视频，学生顿时被画面中解放军嘹亮的口号、整齐的步伐、激昂的国歌声感染，朗读难点迎刃而解。

(3)言语渲染

教师语言是课堂的底色,是朗读指导的无声之鞭,是塑造学生语感的无形磁场。请看《青蛙写诗》的教学片段:

师:小朋友们,雨点儿宝宝落进了小池塘里。一只青蛙呱呱地跳出来,高兴地说↗(句尾语气往上扬,语调活泼热烈)

生1:我要写诗啦!↗

师:瞧!这只青蛙多开心啊,都笑得合不拢嘴了!你再读一遍给大家听。(充满欣赏与鼓励)

生1:我要写诗啦!↗(读得更有激情了)

师:青蛙兴奋地说——

生2:我要写诗啦!↗

师:哦,你兴奋得都一蹦三尺高了。(不少学生咯咯地笑了)青蛙们,我们一起读——

生(齐读):我要写诗啦!↗(很兴奋很开心的语气)

以上教学片段中,教师先生动形象地描述诗歌所写的意境,营造出活泼喜悦的氛围,让学生情不自禁受到感染。接着,点评第一个学生的朗读,明确指出"笑得合不拢嘴",暗示其他学生可以效仿表情朗读。第二个学生朗读后,又略微夸张地表扬"你兴奋得都一蹦三尺高了"。顿时,课堂的气氛更活跃了。兴奋的情绪荡漾进学生的心里,朗读浑然天成。

(三)范读促语感形成

语音、语调、气韵、节奏,这些都是在朗读中非常重要的元素,而对这些元素的掌握,也即语感,是在大量听的过程中形成的。语文教学中的朗读,有别于专业语言表演课,不能过多讲授技巧、技法。因此,听范读对学生语感的形成就显得尤为重要了。

1. 教师范读

在课堂上,我们经常看到这样的现象:教师指名请学生朗读,该生读得不好后,再请一位学生读,仍然读得不到位,教师就觉得很无奈。而有经验的教师在发现学生朗读有困难时,会说"请听我读"或"请跟我读"。确实,在低年级的朗读教学中,范读的作用不容忽视。

(1)全文范读,形成整体感。

一年级学生的朗读从模仿起步。因此,一年级阅读教学时,教师在学生初读课文之前,可以采用全文范读。好处有三:其一,激发学生朗读兴趣。学生听教师读得饶有趣味,自然也跃跃欲试。其二,先入为主,为正确朗读奠定基础。我们在教学实践中会发现,有时第一个学生读错了,之后站起来的同学也跟着犯同样的错。而在朗读课的一开始教师正确范读,可以将正确的语音录入到学生记忆中,为学生的正确朗读奠定基础。其三,不同文本,其感情色彩不同,朗读时的声韵基调也不同,教师通过范读,可以让学生整体感受文本的情感基调。

(2)难点范读,提高效率。

当学生凭一己之力难以把字读正、把词读准、把句读顺时,怎么办?比如,学生读不准后鼻音"风",读不好儿化音"雨点儿",读不顺"乌鸦把小石子一颗一颗地放进瓶子里"时,教师范读展示,是最有效的办法。

当指导朗读"春天,春天的太阳该画什么颜色呢",学生总读不出问的语气时,教师应以直观形象的范读教会学生问句末尾语调上扬。课前、课中、课后,无论何时,只要学生有需求,教师随时范读。

2. 同伴范读

等到学生形成一定的朗读能力,或班内有朗读尖子时,教师可适当让位,让优生范读。优生范读,有时要先于他人,有时要后于他人。初读课文,反馈朗读,适合优生先读。原因就是前文提到的"先入为主"的录入效应。课内学文朗读时,最好让其他学生先读,因为优生读得太精彩,有时会使其他学生不敢来挑战了。

3. 录音范读

除了教师和同伴范读，还可以利用教材配套的光盘，或利用手机App。例如，教师可在"荔枝FM""喜马拉雅FM"录制范读上传，方便学生反复听，也可以下载他人优秀的朗读录音，或鼓励学生自己录音。这些录音不仅课内可以播放，也可以通过微信、QQ，家校共享。许多地区规定低年级不能布置书面家庭作业，这类听读作业就是最好的补充。

综上所述，教师应从入学初始起，重视发挥拼音教学的正音作用，注重阅读教学中的朗读指导。从读正确字词，读通读顺句子入手，多范读，培养语感，科学地训练学生朗读，促使其养成良好的朗读习惯。如此，才能对症下药，抵御朗读时常出现的添字漏字、唱读、一字一顿等陋疾，逐步提高学生的朗读能力。

（朗读指导策略部分由王春萍供稿）

第七节　阅读能力

国际阅读能力发展研究（以下简称 PIRLS）认为，所谓阅读能力，就是学生能理解及运用语言的能力，可从各类文章建构意义；学生能通过阅读学习，参与社会活动，享受阅读乐趣。《义务教育语文课程标准》在阅读总目标中也提出着力培养学生"具有独立阅读的能力，学会运用多种阅读方法。有较为丰富的积累和良好的语感，注重情感体验，发展感受和理解的能力。能阅读日常的书报杂志，能初步鉴赏文学作品，丰富自己的精神世界"。由此可见，无论是 PIRLS 还是我国的《义务教育语文课程标准》都强调要在阅读活动中培养学生理解和运用语言的能力。

PIRLS 将阅读理解分为四个层次：

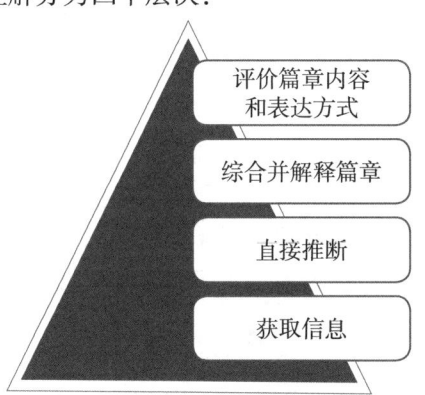

美国心理学家、教育家布鲁姆也提出认知领域目标从低到高有六个层次：知道（知识）—— 领会（理解）—— 应用 —— 分析 —— 综合 —— 评价。统编本教材正是基于以上理论，在教材编排上凸显了相关阅读能力训练的

语文要素。

一、教材编排特点分析

(一)一年级上册教材提出了"找出课文中明显信息"的要求

如《青蛙写诗》一课要求"说一说青蛙写诗的时候谁来帮忙了",《项链》一课要求"说一说:大海的项链是什么",《雪地里的小画家》问"雪地里来了哪些小画家?他们画了什么",《乌鸦喝水》"说一说乌鸦是用什么办法喝着水的"……

(二)一年级下册教材继续要求"读懂课文,学习提取明显信息",除此还提出了更高的要求:"根据课文信息作出简单推断"

如《树和喜鹊》课后提出思考题:"想一想树和喜鹊后来为什么很快乐。"学生要根据树和喜鹊前后的生活环境变化,推断出快乐的原因。《要下雨了》课后的思考题是"燕子、小鱼、蚂蚁下雨前都在干什么",文中并没有直接写到它们在干什么,需要学生从动物们的语言中提取信息,进行推断。《动物王国开大会》课后的"读一读,说一说"中安排了一则校园通知,目的是让学生读通知,培养获取信息的能力。《一分钟》课后的"根据课文内容说一说"(见下图),前一个分句是后一个分句的条件,前后句子又具有非常强的逻辑关系,意在引导学生根据前后的关系进行推理。

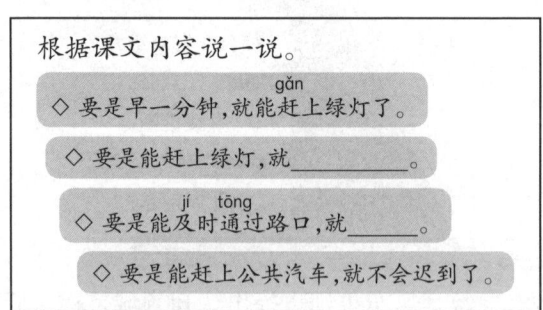

《咕咚》课后要求"说说动物们为什么跟着兔子一起跑,野牛是怎么做的",《小壁虎借尾巴》"说说小壁虎都找谁借过尾巴,结果怎么样"……这些

练习的安排，都意在引导学生对课文中的有效信息进行整合。

（三）二年级上册和二年级下册在"提取有用信息，作简要推断"的基础上，提出更高要求

1.综合课文的信息，简单说出自己的想法和感受。如《曹冲称象》课后要求"画出课文中提到的两种称象的办法，说说为什么曹冲的办法好"。"画出两种称象的办法"是要求学生找出明显信息，而"说说为什么曹冲称象的办法好"则需要学生将两种办法进行整合，并综合自己的生活经验做出合理的推断，阐述自己的观点。《一封信》中露西写的后一封信，蕴藏在露西和妈妈的对话之中，课后提问："露西前后写的两封信，你更喜欢哪一封？为什么？"这就需要学生先从文中露西和妈妈的对话中提取出第二封信的内容，而后将两封信进行对比，并结合自己的感受进行交流。《寒号鸟》《我要的是葫芦》的课后也都安排了类似的练习。这些练习，从知识到理解，从分析到综合、评价，涉及的正是布鲁姆提出的认知领域目标从低到高的发展层次，也与PIRLS提出的阅读理解的四个层次的要求相吻合。教学时要注意的是，并非只落实课文后面有练习要求的，在其他课文阅读教学时也要抓住一些时机做提取信息、综合信息，并进行评价交流的训练。

2.根据内容提示讲故事。从二年级上册开始，教材中出现了"讲故事"的要求，二年级上册安排了4次，二年级下册安排了7次。如下表所示：

册次	课题	讲故事要求
二年级上册	1.小蝌蚪找妈妈	按顺序把图片连起来，再讲故事
	4.曹冲称象	将内容排序，再说说曹冲称象的过程
	15.大禹治水	根据小标题提示讲故事
	24.风娃娃	根据小标题提示讲故事
二年级下册	3.开满鲜花的小路	借助插图讲故事
	4.邓小平爷爷植树	借助插图讲邓爷爷植树的情景
	6.千人糕	借助插图说说米糕经过哪些劳动才做成的
	14.小马过河	用上提供的词语讲故事
	20.蜘蛛开店	根据示意图讲故事
	22.小毛虫	借助提示讲故事
	25.羿射九日	根据表格（简要的起因/经过/结果）讲故事

有教师把二年级"讲故事"的要求等同于《义务教育语文课程标准》在第二学段阅读目标中提出的"复述"要求,这不是很合理。复述包括详细复述、简要复述和创造性复述。讲故事其实就是要求详细复述。一般而言,第一学段可以尝试详细复述,第二学段要求简要复述,第三学段要求创造性复述。三种复述练习的要求各有不同。

第一学段:讲故事(详细复述)是接近原文的复述,更多依赖于原文的语言,考量更多的是学生的阅读记忆能力和语言表达能力。

第二学段:简要复述是对课文基本内容依次序做简要的复述。完成这种复述,学生必须能抓住课文的主要内容,并能将课文内容分为几个部分用概括性的语言表达出来。这种复述,训练的是学生的分析概括能力。

第三学段:创造性复述要求学生根据课文的内容,用自己的语言进行叙述。这种叙述有时可以对书中的情节或事实进行比较、评论,提出自己的看法,作出原文中没有提出的结论,并要求能熟练地运用学过的词语来表达课文的主题思想。[1]创造性复述不仅能发展学生的想象能力和思维能力,还能促进学生的信息提取与转换能力,对原文作品的综合与解释能力,属于高层级的复述要求。

可见,讲故事的要求低于简要复述和创造性复述的要求,在低年级提出讲故事的要求是合理的。统编本教材在第一学段的阅读教学中提出讲故事的要求,也是为第二学段开始的简要复述做好铺垫工作。

二、教学策略

教学策略,主要讲两方面:一是信息提取与根据信息做简要推断的教学策略;二是"讲故事"的教学策略。

---

[1] 朱作仁:《语文教学心理学》,黑龙江人民出版社,1984,第342页。

（一）信息提取与根据信息做简单推断的教学策略

1. 整体把握，注意关联

阅读文本，提取文中有效的信息，考量的是学生整体把握课文，联系上下文阅读的能力。如果只关注只言片语，就可能断章取义，使阅读中获取的信息与原表达的意思产生分歧。如一年级上册《项链》课后练习："说一说：大海的项链是什么？"很多学生会认为是海螺和贝壳。原因有二：一是学生根据自己的生活经验和固有印象，一般人们是用海螺和贝壳串成项链的，因而就顺理成章地将海螺和贝壳说成是大海的项链；二是因阅读时没有整体把握，只看到"捡起小小的海螺和贝壳，穿成彩色的项链，挂在胸前"，而没有关注到句子的前面"小娃娃"才是串项链、挂项链的主人，也没有关注后面一句"快活的脚印落在沙滩上，穿成金色的项链，挂在大海胸前"。如能完整地阅读，注意到前后内容的关联，就能获得准确的信息：海螺和贝壳是小娃娃的项链；快活的脚印是大海的项链。二年级上册《寒号鸟》的第一段写到了寒号鸟和喜鹊的家分别在哪里。学生阅读到"山脚下有一堵石崖，崖上有一道缝，寒号鸟就把这道缝当作自己的窝"这句话，很容易误以为"一堵石崖"是寒号鸟的家，原因也是没有前后联系来读句子，而造成阅读信息的错误获取。有一位教师教学《寒号鸟》时，请学生读故事的开头，想想寒号鸟和喜鹊的家分别在哪儿，并完成导读练习单：

选一选，在括号里填上序号：

寒号鸟的家是（　　），喜鹊的家是（　　）

①一堵石崖

②一道缝

③一棵大杨树

通过自由读第一自然段和完成练习题，关于寒号鸟和喜鹊的家在哪里，学生都有了自己的答案。反馈中发现关于寒号鸟的家,大多数学生会选择"②一道缝",但有少数学生会选择"①一堵石崖"。意见出现了分歧,教师要求学生再次读第一自然段,想想寒号鸟的家到底在哪里。

第二次反馈时,全班学生就一致认为寒号鸟的家应该是"一道缝"。教师要求学生根据文中的信息阐述理由,接着,让学生读完整的句子:"山脚下有一堵石崖,崖上有一道缝,寒号鸟就把这道缝当作自己的窝。"用朗读的方法清楚地介绍寒号鸟的家。

教师接着提出"一棵大杨树"是喜鹊的家,结论又是从哪里读出来的呢?学生回答:从"杨树上住着喜鹊"知道了喜鹊的家就是一棵大杨树。同样,请学生读读完整的句子,清楚地介绍喜鹊的家:"石崖前面有一条河,河边有一棵大杨树,杨树上住着喜鹊。"

教师有意设置阅读"陷阱",让学生试错,通过再次阅读,发现错误,纠正错误,从而培养学生整体把握内容,准确提取信息的能力。

2. 圈找信息,整合提炼

有些信息在课文中并没有直接呈现,而是散落在文中的各个语句或人物语言之中,需要经过仔细阅读和整理才能获取完整的信息。如二年级上册《一封信》中露西给爸爸写的第二封信与常见的信不同,是蕴含在露西和妈妈的对话中的,阅读时可以让学生圈找相关信息,画出露西给爸爸写的第二封信,然后完整地读第二封信,再与第一封信相比较,发现第二封信有什么不同,最后交流"你更喜欢哪一封,为什么"(课后习题)。又如一年级下册《动物王国开大会》,四次通知各有不同,信息一次比一次完整。教学时可以引导学生圈画出狗熊四次通知的内容,并比较四次通知的内容有什么不同,从中提取每次通知的主要信息,从而发现,因为第四次通知完整地表达了大会的时间、地点,所以动物们听明白了并准时参加了大会。再如二年级下册《沙滩上的童话》中,将小伙伴们的对话画出来读一读,会发现这些语言连起来就是一个简短的小童话。遇到教材中相类似的文本,可以引导学生阅读圈画零星的信息,加以整合,建立信息完整性的意识。

3. 设计补白,合理推断

一年级下册开始,要求"根据课文信息进行简单推断"。这一能力训练点要求教师在平时的阅读教学中有意进行渗透,特别是叙事性强的故事类课文,教师要有意设计悬念和空白点,引导学生根据故事情节的发展进行推理、想象、推断故事的后续情节。如《动物王国开大会》,第一次狗熊通知之后,在狐狸提醒之下,狗熊补充了开会时间是"明天";第二次狗熊发布通知之后,在大灰狼提醒之下,狗熊补充了开会的具体时间是"明天上午八点钟";第三次狗熊通知之后,在梅花鹿的提醒之下,狗熊补充了开会的地点。教学时可以事先不让学生看到故事的结局,让学生根据前三次的通知,推断第四次狗熊通知的内容。《小猴子下山》可以让学生在阅读过程中整合小猴子三次找采食物的信息,发现表达的规律都是先讲小猴子看到什么再讲做了什么,让学生根据这些信息,推理小猴子继续往回走会看到什么,它是怎么做的,续编故事片段。根据已有故事情节来合理推断,展开想象,续编或补充空白,可以有效地训练学生的逻辑思维能力。

 课堂现场链接

《动物王国开大会》第二课时教学片段

板块一　续读故事

(一)复习旧知

师生合作读第一次和第二次通知:

动物王国要开大会了,狗熊为了召集大家准时来参加会议,用喇叭大声喊_____。狐狸跑来了,告诉他,你说一百遍,大会也开不起来,因为_____。第二次,狗熊又用喇叭大声喊_____。可大会

还是开不起来,因为_____。

(二)续编故事

师:(观察插图)这一次(第三次)狗熊通知成功了吗?猜猜狗熊又碰到了什么问题?

师:请小朋友们自己读读第十三至十六自然段,用笔画出狗熊通知的内容。读一读,想一想,狗熊这次又遇到了什么问题?

1. 学生画通知,再自由练读,教师巡视,相机指导。

2. 朗读通知。

3. 发现原因:狗熊为什么要捶捶自己的脑袋?

根据学生交流,教师小结:说通知时,把地点说清楚也是非常重要的。(板书:地点)

(三)读完整通知

师:经过狐狸、大灰狼、梅花鹿的帮助,狗熊终于把通知说完整了。

1. 指名读最后一则完整的通知,其他学生边听边画出:开会的时间、地点、要求参加的动物。

2. 提取信息:现在你知道动物大会什么时候开,又是在哪里开了吗?请你填一填。(课件出示:时间　地点　参加者)

板块二　梳理通知

(一)梳理通知,发现规律

大屏幕出示狗熊说的四则通知,自由读一读。

1. 整合通知。请四位同学分别来读,其他同学想想它们之间有什么不一样的地方。

2. 交流不同。预设:第一则通知只说清了参加的对象;第二则通知加了时间——明天;第三则通知把时间说得更清楚了——明天上午八点;第四则通知还加上了地点。

3.小结:看来我们在发布通知时,不但要说明请谁参加,还要说清楚准确的时间和地点。不然,我们会像狗熊前三次发布通知那样,就算喊上一百遍,也没人来参加大会。

(二)拓展延伸

第二天上午,动物们都准时来到森林广场,参加了大会。这时,狗熊又拿起喇叭大声地通知大家:凡是森林王国的动物,都必须参加才艺展示大会。这则通知刚说出口,他就发现自己又犯老毛病了。小朋友们,你们能帮帮他吗?

1.小组讨论:这则通知少了什么?

2.全班交流:在通知中,要说清楚才艺展示大会的时间和地点。

3.在学生的交流中,教师把通知修改完整。(课件呈现)

(三)阅读课后通知,把相关信息填写好

《寒号鸟》教学片段

执教者:宁波市海曙外国语学校　吴素文

一、读故事的开头,提取信息

1.师:寒号鸟和喜鹊的家在哪里呢?请大家读读第一段,完成练习单第一题。

> 一、选一选,在括号里填上序号
> 寒号鸟的家是(　　)。
> ①一堵石崖
> ②一道缝
> ③一棵大杨树

(1)自由选择。

(2)交流。学生有不同意见,再读第一自然段,找找答案。

(3)从"寒号鸟就把这道缝当作自己的窝",知道寒号鸟家就是一道缝。

(4)读完整的句子,清楚地介绍寒号鸟的家。

2.从"杨树上住着喜鹊",知道喜鹊的家是一棵大杨树。读完整的句子,清楚地介绍喜鹊的家。

3.合作读故事的开头,男生读第一句,女生读第二句,最后一句齐读。

二、读秋天里的故事,提取信息

1.引读第二自然段

师:听,秋风刮起来了。

生(齐读):几阵秋风,树叶落尽,冬天快要到了。

2.自由读第三、四自然段

想想这对邻居之间发生了什么故事。

3.品读行为,发现不同做法

(1)喜鹊和寒号鸟分别在干什么,指名读句子。

喜鹊一早飞出去,东寻西找,衔回来一些枯草,就忙着做窝,准备过冬。寒号鸟却只知道出去玩,累了就回来睡觉。

(2)完成练习单第二题,并交流。

二、连一连,说说寒号鸟和喜鹊分别做了什么

喜鹊　　　　　　睡觉

　　　　　　　　玩

寒号鸟　　　　　做窝

小结:喜鹊和寒号鸟不一样,喜鹊一直在做窝,寒号鸟却只知道玩、睡觉。

(3)品读喜鹊的做法,了解句子特点。

自由读写喜鹊做法的句子,圈出动作的词语。交流:飞出去　东寻西找

衔回来　做窝

按照喜鹊做事的顺序,给词语排排队。教师引读:喜鹊先是——飞出去,然后——东寻西找,接着把枯草——衔回来,最后开始——做窝。

小结:喜鹊正有条理地忙碌着呢!夸夸喜鹊,指名读句子。

(4)重点识记"衔"。

出示两幅图,找一找哪只是故事里写的喜鹊。(一只嘴里衔着枯草,一只脚爪抓着枯草)

仔细观察,喜鹊是怎样把枯草衔回来的?("衔"的动作要用到嘴巴)

说说有什么好办法记住"衔"。学生交流。

课件显示"衔"的一种识记方法:行字分开站,金字旁立中间。

再读写喜鹊做窝的句子。

(5)了解寒号鸟的行为,读出意味。

出示句子:寒号鸟却只知道出去玩,累了就回来睡觉。

教师引说:喜鹊在努力做窝,寒号鸟在——玩和睡,他不是出去玩,就是——睡,睡醒了又出去——玩,玩累了又回来——睡。再读句子,读出意味。

4.品读对话,读出不同的语气

(1)合作读对话,一个学生读喜鹊的话,一个学生读寒号鸟的话,老师读旁白。

喜鹊说:"寒号鸟,别睡了。天气暖和,赶快做窝。"

寒号鸟不听劝告,躺在崖缝里对喜鹊说:"傻喜鹊,不要吵。太阳高照,正好睡觉。"

(2)采访喜鹊:喜鹊看见寒号鸟一直在睡觉,不去做窝,心里是怎么想的?(相机学习:劝告)朗读练习:读出着急、热心劝告的语气。

(3)从句子中发现寒号鸟不听劝告。

从寒号鸟的话里读出他对喜鹊的劝告显得不耐烦。

从他"躺"着说话,看出他说话时懒洋洋的样子,很自以为是。

(4)各种形式练习朗读对话:同桌读、师生读、男女生读。

5.配乐读第二、三、四自然段

女生读喜鹊的表现,男生读寒号鸟的表现,其他内容由教师读。在读中体会这对邻居真有意思,表现完全不同:一个忙着做窝,一个只知道玩,一个着急热心地劝告,一个懒洋洋而自以为是地不听劝告。

《一封信》教学片段

执教者:宁波市奉化区实验小学　李凌

一、聚焦第一封信,借助关键词句,获取有效信息

1.聚焦重点段,圈画出信的内容

(1)哪个自然段写的是第一封信?(第三自然段)

(2)读一读,露西在信中写了什么?用横线画出来。

(3)反馈交流,发现窍门,及时修改。

点拨:其实,课文中用了这样的符号把信的内容标注起来了(教师用手指头比画引号)。

有谁认识这个符号吗?(引号)

(4)以信的格式展示露西的第一封信。

> 亲爱的爸爸:
> 　　你不在,我们很不开心。以前每天早上你一边刮胡子,一边逗我玩。还有,家里的台灯坏了,我们修不好。从早到晚,家里总是很冷清。
> 　　　　　　　　　　　　　　　　露西

2.读信,梳理信的内容

(1)读第一封信,露西在信中对爸爸讲了几件事?可用序号标出来。找

好后,和同桌讨论一下,把遗漏的补上。

(2)交流并根据学生回答随机板书。

预设:不开心　刮胡子　逗我玩　台灯坏了　家里很冷清

3.借助关键词句,读懂信中的信息,感受露西对爸爸的思念

(1)你不在,我们很不开心。

朗读并以采访的形式了解露西不开心的原因。

(根据学生回答,相机联系第一自然段中"爸爸出国了,要过半年才能回来")

(2)以前每天早上,爸爸一边刮胡子,一边逗我玩。

◆读句子,联系生活理解"刮胡子",识记"刮"。

你们看到过爸爸刮胡子吗?(出示爸爸用剃须刀、刮胡刀刮胡子的图片)

原来刮胡子要用刀啊,难怪"刮"的右边是立刀旁。

◆联系生活实际理解"逗我玩"。

你爸爸刮胡子的时候会跟你玩吗?猜猜,露西的爸爸是怎么一边刮胡子,一边逗她玩的呢?(根据学生回答,进行互动表演,理解"逗我玩")

◆用"一边……一边……"说话。

露西爸爸可真厉害,一边刮胡子,一边逗露西玩。他同时能做两件事哦,你同时做过两件事吗?(学生尝试用"一边……一边……"说话)

爸爸一边刮胡子,一边逗露西玩。这不是很有趣吗?可是露西怎么还说不开心啊?(根据回答,相机板书:以前)

总结:想起以前爸爸逗她玩的情景,露西心里一定非常想念爸爸。(板书:想念)读读这句话,读出露西的想念。

(3)还有,家里的台灯坏了,我们修不好。

读句子,拓展词语,识记"灯"。

◆见过台灯吗?(出示台灯图片)

拓展:日光灯　路灯　红绿灯　霓虹灯

◆联系生活,感受思念,读出思念。

以前台灯坏了,爸爸一下子就修好了,到了晚上,家里也是亮堂堂的。想象一下,每天晚上,在亮亮的台灯下,露西和爸爸在干什么呢?结合感受,读出思念。

(4)从早到晚,家里总是很冷清。

读句子,回顾上文,理解"冷清"。

家里很冷清的时候是怎么样的?(没人逗她玩,台灯坏了没人修……)

4. 带着体会,读好第一封信

(1)读着读着,你感觉露西写信时的心情是怎么样的?(板贴:不开心表情贴)

(2)带着这样的表情,读出不开心的感觉。

二、聚焦第二封信,与第一封信比较,发现不同信息

1. 自由读课文第四至十四自然段,圈画出第二封信的内容。然后自己读一读。

2. 提取第二封信的内容,引导学生发现:①第二封信的内容藏在露西和妈妈的话里;②第二封信的内容是妈妈和露西合作完成的。

3. 对比读,发现两封信有什么不同。(板贴:开心表情贴)

男生读第一封信;女生读第二封信。

亲爱的爸爸:
　　你不在,我们很不开心。以前每天早上你一边刮胡子,一边逗我玩。还有,家里的台灯坏了,我们修不好。从早到晚,家里总是很冷清。
　　　　　　　　　露西

亲爱的爸爸:
　　我们过得挺好。太阳闪闪发光。阳光下,我们的希比希又蹦又跳。请爸爸告诉我们,螺丝刀放在哪里了。这样,我们就能自己修台灯了。还有,下个星期天我们去看电影。
　　爸爸,我们天天想你。
　　　　　　　　　露西

读后交流发现不同。

4. 讨论:你更喜欢哪一封信?为什么?

(二)"讲故事"的教学策略

1. 厘清层次,提供线索

读懂课文,厘清故事的脉络是讲故事的基础,可以为学生有条理地把故事讲清楚提供帮助。因此,一般讲故事的环节都放在读通、读懂故事之后。

(1)先排序,再讲故事。如二年级上册的《小蝌蚪找妈妈》课后,请学生先将错乱的图片,按照小蝌蚪长成青蛙的过程顺序连起来,再讲一讲小蝌蚪找妈妈的故事。又如《曹冲称象》课后,将错乱的小标题按照曹冲称象的过程排序,再讲故事。

(2)边阅读,边理序,为讲故事做铺垫。在阅读过程中,教师利用板书,逐渐将课文的脉络呈现出来,为之后学生讲故事提供记忆线索。如《蜘蛛开店》一课教学,在阅读过程中,形成一张故事示意图,帮助学生厘清故事的脉络,示意图又可以唤醒学生的阅读记忆,这样把故事讲清楚就容易多了。

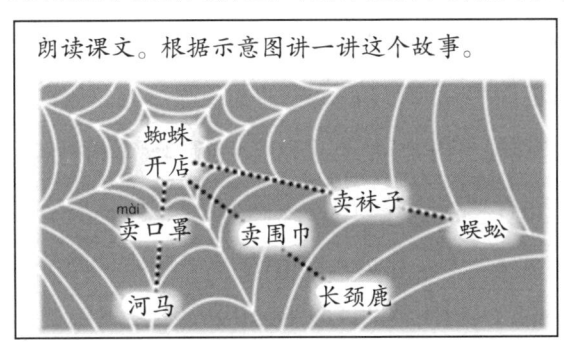

(素材来源:《义务教育教科书 语文 二年级 下册》,第91页。)

2. 借助图片,唤醒记忆

课文插图是一种无声的语言,画面的呈现可以唤醒学生对原文内容的阅读记忆,帮助学生进行复述,激发学生复述的兴趣。例如二年级下册《邓小平爷爷植树》的插图,真实地呈现了邓小平爷爷植树时的情景,教师可以引导学生结合文中写邓爷爷的一系列动作进行复述。《千人糕》的插图则生动地展现了经过很多人的劳动,千人糕从田里的稻子到最后成为美味的米糕的过程,是帮助学生复述的优质教学资源。

3. 开展表演,丰富形式

对于一些童话类或者是对话较多的课文,我们可以利用学生的表演达到讲故事的目的。例如二年级下册的《揠苗助长》中对"那个人"形象的描写就很生动,既有生动的语言描写,又有生动的动作描写,可以引导学生采用表演的形式来落实详细复述的目的,丰富讲故事的形式。要注意的是,表演之前要加强阅读理解与朗读,让学生逐步熟读成诵,将文中的重要语句熟记于心,这样才能进行表演,否则表演就会流于形式。

讲故事的要求落实时,还要注意故事片段复述与整体讲述相结合。有些课文适合片段讲述,比如《邓小平爷爷植树》只要讲植树的情景就可以了。有的课文故事情节较长,可以先讲片段,再讲完整的故事。如在阅读《蜘蛛开店》的过程中,先分别讲好蜘蛛"卖口罩""卖围巾""卖袜子"几个小故事,最后连起来讲好整个故事。

另外,阅读教学中的讲故事要与一年级下册口语交际《听故事,讲故事》结合起来,复习巩固"听故事,讲故事"的知识与能力。如将"听故事的时候,可以借助图画记住故事内容"的要求落实在阅读教学讲故事中,引导学生阅读时借助图画(小标题、关键词语、示意图)记住故事内容。同时,做到"讲故事的时候,声音要大一些,让别人听清楚"。教师应帮助学生将口语交际中听讲故事习得的能力,运用到阅读教学的讲故事练习中。

 课堂现场链接

《曹冲称象》第二课时教学片段

1.官员们提出的这两种办法曹操都不满意。这时候曹操的儿子——年仅七岁的曹冲又想出了什么办法呢?

读读第四自然段,把曹冲称象的办法用横线画出来。

(1)谁来读读你画的句子?

(2)曹冲称象的办法,你读懂了吗?结合课文中的插图看看,想想他的办法可以分成几步,完成课后第二题,在空格里标好序号。

(3)谁来说一说?(边叙述边利用课件进行演示)

(4)你们看明白了吗?你们看,这个孩子只有七岁,却把话说得这么有条理。

你能用上"先、再、然后、最后"这样表示先后顺序的词语说一说吗?和同桌先练习一下。

(5)学生交流。

2.今天我们学了曹冲称象的过程,先弄清楚称象的步骤,然后加上表示顺序的关联词,用自己的话来说,这样就可以有条理地复述了。(板书:复述)

3.指导朗读课文,抓住表示称象顺序的词语,体会用词的准确。

4.用曹冲的办法称出大象的重量了吗?从哪看出来的?

指导朗读第五自然段。体会"果然"的意思。

5.曹操认为曹冲的办法好不好?从课文中哪句话看出来的?(指名回答)

6.是的,大象是个庞然大物,我们无法称出它的重量,但是我们如果把大象换成一块一块的石头,这个问题就迎刃而解了,你觉得曹冲是个怎样的孩子?(板书:聪明)

7.我们可不可以用刚才学到的方法来讲讲这个完整的故事呢?

（1）根据板书的提示（板书：得到大象、想称重量、各想办法、称出重量），同桌之间先用自己的话讲一讲。

（2）反馈讲故事。

第八节　课外阅读

叶圣陶先生曾经说过，学习语文"单凭一部教本，是够不上说反复的历练的。所以必须在国文教本以外再看其他的书，越多越好"。学习语文，阅读为重，这是毋庸置疑的。长期以来，教育专家、语文教学名家都在呼吁要重视学生阅读指导。《义务教育语文课程标准》更是多次强调要加强阅读，并在各个学段明确规定了课外阅读的量，以此来促进阅读。但由于语文教师的个体差异性，能重视并有效推进学生课外阅读的并不多，大多数学生仍然以教材作为最主要的阅读书籍。当前语文教师进行课外阅读指导存在不足的根源有二：一是未引起重视，很多考试和评价缺少对课外阅读方面的评价，使课外阅读指导成了可有可无的教学工作；二是缺乏方法，很多语文教师有重视的意识，但缺乏指导的方法，不知从何入手，缺少指导的目的性，"胡子眉毛一把抓"。统编本教材为改善课外阅读的现状，真正使课外阅读指导落地，提出"三位一体"阅读体系的理念，在教材的阅读教学中构建了一个从教读课文到自读课文再到课外阅读的"三位一体"的阅读教学体系，开创了"和大人一起读"和"快乐读书吧"两大全新栏目。

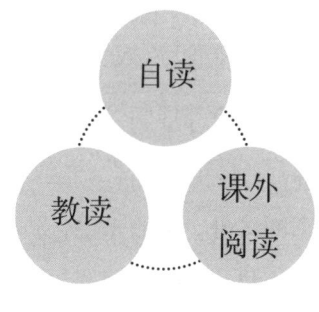

小学语文教材的主编陈先云先生说："这套教材把课外阅读作为教科书的重要组成部分，实现了课外阅读课程化，克服了课外阅读的边缘化，促进

了儿童的阅读进教材、进课程。"这就是告诉我们，统编本教材的使用，意味着课外指导不是可做可不做的"分外事"，而是必须要做的"分内事"。面对这一重大的变化和全新的栏目，我们该如何理解和把握，有效地将之落实到位？本节将分"和大人一起读"和"快乐读书吧"两个板块进行阐述。

第一目　和大人一起读

一、教材编排特点分析

"和大人一起读"与20世纪60年代新西兰著名教育家Holdway提出的"分享阅读"（shared book reading）的核心理念是一致的。分享阅读是一种专门用于学前和小学低年段儿童开展阅读活动的有效教学方法，它指的是在轻松、愉快的亲密气氛中，成人和儿童共同阅读一本书的活动，帮助儿童逐渐学会独立阅读的过程。[1]

"和大人一起读"中的"大人"指的是有协助能力的大人。英国著名的儿童文学作家，也是资深的阅读研究和推广人艾登·钱伯斯在其著作《打造儿童阅读环境》中曾提出"有协助能力的大人"这一概念。一般认为具有能力协助儿童开展阅读的人，都可以称之为"大人"，诸如儿童的父母、其他家人、邻居、高年级同学、老师等等。但就教材编排这个栏目的初衷而言，多指儿童的父母。一般来说，亲子阅读对于落实"和大人一起读"具有独特的优势。因为和父母一起阅读与课堂教学阅读在阅读环境、阅读方式、阅读目的等方面都有着较大区分，家庭是儿童最轻松、愉悦的环境，可以让儿童在轻松、愉悦的阅读氛围中培养阅读乐趣。亲子共读，除了能起到早期阅读所共有的

---

[1] 郑宇：《和大人一起读：让孩子在快乐阅读中悄然成长》，《小学语文》2016年第11期。

积极作用之外,还能促进父母与儿童情感的沟通,对儿童的全面健康发展具有独特价值。同时,这一栏目还有一个深远的意义,那就是通过"和大人一起读"促进亲子阅读,从而推广全民阅读。

当然,因我国地域辽阔,各地区各家庭家长之间文化水平差异较大,并非所有的家庭都有条件实施父母与孩子共读。因此,"和大人一起读"的"大人"可以扩大范围——具有协助阅读能力的人,以确保该栏目的落实。

教材中"和大人一起读"编排特点如下:

(一)关注幼小衔接,激发阅读欲望

"和大人一起读"的阅读材料,很多都是儿童在牙牙学语时或在幼儿园里就已经接触过的,如《小白兔和小灰兔》《猴子捞月亮》《拔萝卜》等。这些阅读材料对学生来说,是记忆的唤醒,也许会让他们想起幼年的生活,以及亲人的爱,具有熟悉感和亲切感,降低了学生因识字不多导致的阅读困难。而在学前,儿童接触这些材料的方式大多都是以"听—念"为主,过渡到现在以"看—读"为主,这些熟悉的阅读材料可以帮助儿童建立字音和字形之间的关联,有利于儿童顺利跨进阅读之门。

(二)关注语感获得,易于诵读积累

"和大人一起读"所选入的阅读材料都为适合儿童吟诵的低幼文学,诸如童谣、儿歌、故事、童话。童谣和儿歌句式工整,注重押韵,富有节奏感,如《春节童谣》句尾押 an 韵,节奏由四三和三三节奏为主,具有快板式的明快节奏,儿童喜欢诵读。《剪窗花》中"剪梅花,剪雪花,剪对喜鹊叫喳喳。剪只鸡,剪只鸭,剪条鲤鱼摇尾巴"长短句交替使用,富有变化,读起来朗朗上口。一些童话故事情节简单,语言结构重复,如《拔萝卜》《猴子捞月亮》,有利于学生记忆、内化、积累语言。

(三)语言形式生动,便于开展互动

正是因为这些阅读材料语言结构的独特性,"与大人一起读"活动才便于开展,孩子与大人在阅读活动中才更容易实现互动。如《剪窗花》前六行

大人和孩子一起念,最后大人问:"大红鲤鱼谁来抱?"孩子答:"哦!再剪一个胖娃娃。"分享与互动是"和大人一起读"的主要阅读形式,而阅读材料的精心选择为分享与互动提供了有利的条件。

(四)关注传统文化,意在文化传承

在一年级的16篇"和大人一起读"的阅读材料中,具有传统文化特色的文本就有9篇,其中有传统的童谣、民谣,如《小白兔和小灰兔》《剪窗花》《谁会飞》《春节童谣》《妞妞赶牛》《谁和谁好》《孙悟空打妖怪》等,有传统童话故事《猴子捞月亮》《拔萝卜》,有表现民间风俗文化的题材,如《春节童谣》《剪窗花》等。这些阅读材料都是对儿童进行文化熏陶的优质资源,对传统文化传承具有重要意义。

"和大人一起读"内容:

册次	内容
一年级上册	《小白兔和小灰兔》《剪窗花》《小鸟念书》《小松鼠找花生》《拔萝卜》《谁会飞》《猴子捞月亮》《春节童谣》
一年级下册	《谁和谁好》《阳光》《胖乎乎的小手》《妞妞赶牛》《狐狸和乌鸦》《夏夜多美》《孙悟空打妖怪》《小熊住山洞》

二、教学策略

"和大人一起读"的核心目标是培养儿童的阅读兴趣,非功利性、无压力地开展阅读。培养儿童的阅读兴趣,这是"和大人一起读"的第一要务。因此,这个栏目的阅读与课文阅读所承载的任务是有明显不同的,学习的形式自然要有所不同。课文阅读要有识字、学词、学句、朗读等诸多学习要求与任务,假如将这些任务放置于"和大人一起读"的阅读过程中,无疑就把压力加在儿童身上,这样很可能会扼杀儿童的阅读兴趣。

我们不反对教师作为"有协助能力的大人"的角色来开展"和大人一起读"的活动,但是切记:不要把这个栏目上成课内阅读课。

那么,在整个儿童阅读活动中,一个有协助能力的大人,他的任务究竟

是什么呢？艾登·钱伯斯在《打造儿童阅读环境》当中是这样阐述的：

我们可以说他做了提供、刺激、示范和响应等工作。

他可以给孩子们提供图书和时间去阅读，还有一个吸引人的阅读环境，让孩子们想去阅读。

他可以刺激孩子们想成为一位深具思考能力的读者。他可以为孩子们示范读故事，并以实际行动让孩子们见识一位优秀的读者该有的样子。他还会在所属的阅读团体中响应与分享他的阅读心得，同时协助并引导孩子也能有所响应。[1]

艾登·钱伯斯的这一番话，为我们大人如何为儿童的阅读提供协助指明了思考方向。那么，结合具体教材，结合我国的实际情况，我们应该如何落实呢？

（一）指导和培训大人，保证"读"的效果

1.引导家长做好协助阅读。就"和大人一起读"栏目设置的初衷而言，家长是协助孩子阅读的主力军。调动起家长的积极性，按照要求有效地开展亲子阅读活动，是保证此栏目落实的重要条件。

大多数家长对于在共读的过程中，如何营造阅读环境，如何进行阅读材料选择，如何进行方法指导，都很茫然。因此要发挥好栏目的作用，培训家长是关键，老师可以采取多种方法进行家长培训：举办讲座更新家长观念；微课、微电影示范共读方法；网络平台交流促进家庭之间的阅读心得交流；记录、评价巩固共读的成果……这些活动的目的就是为共读营造良好的阅读氛围，确保"和大人一起读"具有良好的效果。

---

[1] ［英］艾登·钱伯斯：《打造儿童阅读环境》，北京联合出版公司，2016，第183页。

一年级亲子阅读记录表[1]		班级　　　姓名　　　阅读题目：
我读第一遍 用了多少分钟	爸爸妈妈读了之后，我 读第二遍用了多少分钟	阅读时间： 阅读用时：5-10分钟（ ）　10-20分钟（ ） 　　　　　20-30分钟（ ）　30分钟以上（ ） 阅读形式： 　　　父/母/大人读给孩子听（ ） 　　　孩子读给父/母/大人听（ ） 　　　父/母/大人和孩子一起读（ ） 阅读情况（请大人用几句话描述）：
我知道 故事的名字	我知道故事中的人物	
我觉得 最有趣的地方		
我认识了 这些新的字词		
说话训练	1. 猴子们是怎样捞月亮的呢？我能说给爸爸妈妈听！ 2. 我给爸爸妈妈提一个问题吧！ 3. 爸爸妈妈给我提一个问题吧！	
自己为自己评	我很优秀！　我很棒！　我要知道！	
爸爸妈妈为我评	你真优秀！　你真棒！　加油哦！	

亲爱的爸爸妈妈：
我们一起读书的时间又到了，请记录我们的幸福时光，好吗？

谢谢爸爸妈妈和我一起度过快乐的阅读时光。请签上你们的名字吧！
家长签名：_____
　　　　年　月　日

2. 培训高年级学生做好协助阅读。学校高年级的学生也是协助低年级儿童阅读的"大人"，而且这些大哥哥、大姐姐更容易为儿童所接纳，使共读的氛围更为融洽。同时，这样的共读有着互为促进的效果，可以说是一举两得。但是，为了保证共读的质量，教师无疑要对高年级的学生做一些指导，以保证阅读的效果。如《孙悟空打妖怪》的"和大人一起读"，有教师可以这样开展活动：（1）活动前指导。教师先给高年级的学生做辅导性阅读与共读方法的指导。（2）协助者助读前准备。高年级学生领取了这一光荣的使命之后都很兴奋，为了能做好"大人"的角色，预先阅读了这首童谣的背景材料——《西游记》。（3）开展共读活动。利用班级活动课，高年级学生与一年级学生开展共读，课间活动时与一年级的学生将《孙悟空打妖怪》的童谣运用于游戏活动中。

（二）开展形式丰富的共读，刺激读的欲望

1. 互动读。互动对话既是大人和孩子共享阅读的活动形式，也是引导学生进入阅读世界，体会阅读乐趣的一种有效的方法。这种互动对话可以是互动诵读，也可以是在互动对话中分享读到的信息。

---

[1] 彭忍冬：《用好教材新栏目　开创阅读新天地》，《小学语文》2016年Z1期。

（1）互动对话，开展读的活动。如《谁会飞》，阅读文本表达形式就是一问一答式的，大人可以和孩子你问我答，我问你答，开展互动对话；《小猴子捞月亮》可以由爸爸扮演老猴子，妈妈扮演大猴子，孩子扮演小猴子，进行角色扮演互动对话。

大人将自己视为阅读活动的参与者，会大大刺激儿童投入阅读的热情，大大提高阅读的效果。大多数"和大人一起读"的文本材料都适合进行互动对话。

（2）互动对话，分享读的收获。在儿童展开阅读之后，大人可以抓住一两处儿童感兴趣的地方进行提问，促进儿童思考，检验阅读所获，也由此帮助儿童获得阅读的成功感。如读了《小鸟念书》，大人可以佯装不明白地问："小鸟怎么就念错了呢？""如果风老师继续教，小鸟能念对吗？"以此促进学生结合阅读思考，并从中体会到阅读文本的趣味性。又如读了《小松鼠找花生》，最后大人可以问："是谁把花生摘走了呢？小松鼠不知道，我也不知道，谁能告诉我？"

2. 合作演。艾登·钱伯斯说："引导年幼的孩子去体会故事、诗作的最佳方式，就是将之变为剧本，让他们演出，或者让孩子们创作属于自己的故事角色。"[1]确实，对于低年级儿童而言，阅读是能够调动全身器官参与的活动，我们观察儿童阅读会发现，全神贯注投入阅读的孩子，时而手舞足蹈，时而喃喃自语……假如引导者顺其自然，把表演引入阅读，并和孩子一起合作表演，对于推进共读是大有益处的。"和大人一起读"的读物，大多都可以进行合作表演读，如《谁会飞》可以和孩子一起边读边做小动物的动作：

鸟儿扇翅飞翔去又回，

马儿奔跑仰天叫，

鱼儿摆尾摇头水中游。

《小白兔和小灰兔》《拔萝卜》《猴子捞月亮》都非常适合合作表演。

---

[1] ［英］艾登·钱伯斯：《打造儿童阅读环境》，北京联合出版公司，2016，第168-169页。

除此以外，还可以把有些读物变成歌曲一起唱一唱，或者把读物的内容画一画等等，来刺激儿童阅读的兴趣和继续阅读的欲望。

（三）开展阅读拓展活动，延伸读的意义

教材中的一些读物，具有思维训练价值、文化价值、社会价值，假如阅读活动中意识到这些价值，并加以利用，阅读的意义就更加深远，同时也可以提高儿童阅读的积极性。如《剪窗花》读后，可以和孩子一起动手剪窗花，边剪窗花边念；还可以和孩子一起搜索网络、观看视频，了解窗花这种传统民间工艺的艺术特点，感受中国民间艺术的美好。念《春节童谣》时，大人可以和孩子聊聊自己小时候过年的习俗，可以让孩子说说自己过年最喜欢的活动，和童谣里所讲述的内容对比有哪些不同，引导学生了解传统节日的风俗文化。

还有些读本，文字留有想象的空间。引导者可以借此引导儿童想象、推理，进行补白、续编，训练学生的想象思维，培养创造能力。如《拔萝卜》故事情节重复，连续推进，写了老公公、老婆婆、小姑娘之后，小狗喊小猫来帮忙这部分故事用省略号略去了。这部分可以让儿童来创编。大人先让孩子编故事说一说，然后和孩子一起演他编的故事，让儿童体会到成功的喜悦。《谁会飞》可以由大人提问，引导儿童继续编儿歌：

问：谁会爬？

答：蜗牛会爬。

问：蜗牛怎样爬？

答：一步一步往上爬。

……

"如果我们的小读者，能够有一位值得信任的大人为他提供各种协助，分享他的阅读经验，那么他将可以轻易地排除各种横亘眼前的阅读障碍。"[1]可见有协助能力的大人，对于儿童阅读是多么重要。

---

[1] ［英］艾登·钱伯斯：《打造儿童阅读环境》，北京联合出版公司，2016，第13页。

"和大人一起读"的栏目对教师、家长如何引导阅读,以及如何加强自我阅读提出了挑战,但愿我们能借此栏目,与孩子共同成长。

《拔萝卜》教学片段

执教者:宁波市慈溪阳光实验学校　龚可爱

一、师生共读故事开头,激发阅读期待

1.读封面,知题目

朋友们,今天我们要读一个有趣的故事。看,这是这本书的封面。你看到了什么?(出示绘本封面)

2.读开头,猜一猜

好听的故事就要开始啦!(出示第一自然段)

老公公种了一个萝卜,老公公心里默默地说:长吧,长吧,长成甜甜的、大大的萝卜吧!萝卜种子渐渐发芽了,过了一阵子,萝卜长大了。

(1)猜猜萝卜的样子。猜猜,老公公的萝卜会长成什么样呢?(学生自由猜)

(2)猜猜老公公的想法。老公公看到自己种出这么大的萝卜,会怎么想呢?(学生自由想象,说一说)

3.图文结合,读"老公公拔萝卜"

(1)(出示第二自然段和插图)观察动作和表情,说一说。老公公是怎么拔萝卜的呢?可以猜一猜,也可看插图说。(贴画:老公公)

(2)学说语言:"嗨哟!嗨哟!"老公公拉着萝卜叶子,一边拔,一边还发出"嗨哟,嗨哟"的声音。我们来学着他的样子,说一说。(指名读,齐读)

(3)加上动作和表情,读一读。

教师小结:看来这个萝卜真是太大了!老公公用了很大的力气,萝卜还是只拔起来一点点。

二、与"故事姐姐"互读,继续了解故事内容

好大的萝卜,好难拔的大萝卜。老公公请谁来帮忙呢?答案就藏在故事里。

1. 提要求。请高年级"故事姐姐"给小朋友们读故事,小朋友们看着文字认真听,想一想:老公公请谁来帮忙?

2. 听完一遍,你可以看着图画读一读,不懂的地方请教"故事姐姐"。

3. 6人小组和"故事姐姐"一起合作。(教师巡视,相机指导)

4. 交流。老公公喊谁来帮忙了呢?(指名答,随机贴画:老婆婆、小姑娘、小狗)

5. 出示画面和文字,师生合作读。

三、续编故事,自由表达

1. 看图,猜猜结局

萝卜能不能拔起来呢?

读故事,不仅可以读文字,还可以看图画,图画中也藏着很多小秘密呢!

2. 看图,续编故事

小猫和小老鼠是怎么帮忙的呢?书里没有写,我们动动小脑筋,自己编一编。出示要求:

(1)和"故事姐姐"合作编:姐姐讲前面的部分,小猫和小老鼠分别请两个小朋友来编。

(2)其他小朋友认真听,当小评委,说说同伴编得怎么样。

3. 反馈

小组派代表上台编一编。

四、课间操,唱唱《拔萝卜》

有人把这个经典的故事编成了一首歌,题目也叫《拔萝卜》,我们边听边唱。(师生互动,欣赏歌曲《拔萝卜》)

五、选择喜欢的方式，和"故事姐姐"一起读

我们边看图边读故事，还会编一编、唱一唱，真了不起。其实读故事的方式很多很多，分角色读、合作读，甚至可以演一演！现在要请大家选择自己喜欢的方式和"故事姐姐"一起读。

预设几种读故事的方式：小朋友讲，"故事姐姐"听，提出意见；"故事姐姐"和小朋友分工合作着讲；小朋友在"故事姐姐"的帮助下学讲故事或者演故事。

1. 抽小组展示
2. 引导学生选择自己喜欢的方式和父母一起读，讨论交流

教师小结：读书的方式各种各样，最重要的是快乐地读、分享着读！

第二目　快乐读书吧

一、教材编排特点分析

"快乐读书吧"是统编本教材中指导学生进行课外阅读的另一重要板块，是课外阅读课程化的指引。"快乐读书吧"应该读成："快乐读书吧(ba)!"意在召唤学生快乐地开展读书活动。这个栏目的设置旨在引导学生开展课外阅读，培养良好的阅读习惯，扩大学生的阅读视野，传授基本的阅读方法。从一年级上册开始，该板块在每册第一单元结束时都安排了一次。一、二年级的内容安排如下：

一年级上册：主题为"读书真快乐"，由 4 幅场景图和 4 段提示语构成。内容分别是：告知阅读的方式——和爸爸妈妈一起读、和同伴读、自己读；揭示阅读的途径——书店、图书馆、阅览室；展现阅读的成效——我读了

很多书,会讲很多故事,同学们叫我"故事大王";激发阅读的期待——学了拼音就能读更多的书了。内容的安排上考虑到一年级上册是阅读起步阶段,所以着力在阅读方式、阅读途径以及阅读兴趣上进行指引。

一年级下册:主题为"读读童谣和儿歌",安排了童谣和儿歌两种文体的阅读。该板块由一本打开的书(上面有一首童谣、一首儿歌),以及两位小朋友的对话构成。女孩子说:"我有一本书,里面有童谣和儿歌……""我来背一首童谣,'小老鼠,上灯台,偷油吃,下不来。喵喵喵,猫来了,看你下来不下来。'"意在引出"书"的概念,提出本次阅读的内容是童谣和儿歌,并用女孩的口吻引导学生乐于向同伴展现自己的阅读收获。男孩说:"我喜欢你的书,我们可以换书看吗?"意在引导孩子们多读有关童谣和儿歌的书,乐于与小伙伴交换书来阅读。要引起注意的是,教材中的童谣《摇摇船》和儿歌《小刺猬理发》,目的是引出童谣和儿歌的文体,并非这次"快乐读书吧"就是阅读这两个读物。教学时要注意以《摇摇船》和《小刺猬理发》为例,拓展阅读更多的童谣和儿歌图书。从这册开始,之后的"快乐读书吧"将通过不同文体来指导学生开展课外阅读。

二年级上册:主题为"读读童话故事",安排的内容是阅读《小鲤鱼跳龙门》《"歪脑袋"木头桩》《孤独的小螃蟹》《小狗的小房子》《一只想飞的猫》,引导学生学习读整本书。教材以两个小伙伴对话的方式,引出读整本书的方法,"每次拿到书,我都要看看书的封面,找找书名和作者",同时提示要爱书,养成良好的读书的习惯,"每次读完书,我都小心地把书收好,不把书弄脏"。

二年级下册:主题为"读读儿童故事",以《大头儿子和小头爸爸》为重点,拓展到《神笔马良》《七色花》《愿望的实现》以及其他儿童故事书,由此引导学生习得阅读方法,引导读更多的儿童故事图书。从教材安排看,"读读儿童故事",除仍然延续培养学生良好的阅读兴趣与习惯,以及继续提倡与同伴分享阅读的快乐之外,与二年级上册"读读童话故事"相比,目标与要求有了提升,体现在:一是从介绍读单本书,到读多本儿童故事;二是读书方式指导,从关注封面、书名和作者,到"学会看目录",用目录来帮助自己阅读;三是对书内容理解的要求更高,要求通过阅读感受人物形象与品质。

二、教学策略

(一)激发兴趣为先

对于起始年级的课外阅读引导,兴趣无疑是至关重要的。从"快乐读书吧"的教材安排上,我们也能发现,首先要在激发学生对阅读的兴趣上做好"大文章"。建议可以从以下几方面努力:

1. 创设情境,让阅读者身临其境

人大多习惯在什么场合做什么样的事情,心态也会随着对不同环境的认知而有所调整。"'阅读'也是这么回事,我们必须有这么一个可以让我们心无旁骛的场所,才能专注地融入书本"[1],因此,在"快乐读书吧"课堂上,教师要注重阅读环境、阅读氛围的营造。有条件的可以将学生带到学校阅览室、图书馆去上课,或者在课堂上营造阅读氛围和情境。如一年级上册的"读书真快乐",执教者可在学生的周围摆放三三两两的书架,让大家置身于书墨飘香的环境。课中,学生学习了如何根据自己的阅读需求选择书籍的方法之后,教师让学生各自走向书架选择自己喜爱的书进行阅读。有的教师用现代媒体技术营造音画效果,创设情境,引导学生时而置身于书店时而置身于图书馆,身临其境地学习在不同场合读书的方法。

2. 分享收获,让阅读兴趣更为持久

大多数教师会在课堂学习的形式上各出奇招,来激发学生的阅读兴趣。然而,根据心理学理论分析,这些外加的形式刺激,只能引起短暂的兴趣。保持持久的兴趣最重要的因素,乃是自发的动机。而自发的动机,一是学生对学习内容感到能够胜任,二是学习者不断地从学习内容中获得成就感。因此,要让学生保持持久的阅读兴趣,首先,阅读的内容必须是学生能力范

---

[1] [英]艾登·钱伯斯:《打造儿童阅读环境》,北京联合出版公司,2016,第44页。

围内的。从统编本教材的编排看,一年级下册读童谣和儿歌、二年级上册读童话故事、二年级下册读儿童故事,这些阅读内容都适合这些年段的儿童阅读。其次,教师在阅读指导中帮助学生不断地获得阅读的愉悦感,从而使学生持续保持浓厚的阅读兴趣。

(1)分享阅读成果。教材中多次提出"分享阅读"的要求,如一年级上册"读书真快乐",以小伙伴的口吻提出:"我读了很多书,会讲很多故事,同学们叫我'故事大王'。"一年级下册"读读童谣和儿歌"提出:"我有一本书,里面有童谣和儿歌……

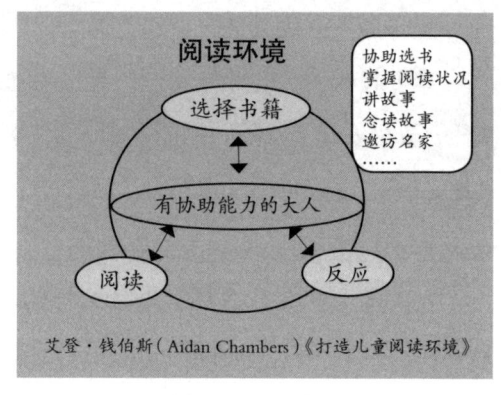

艾登·钱伯斯(Aidan Chambers)《打造儿童阅读环境》

""我来背一首童谣,'小老鼠,上灯台,偷油吃,下不来。喵喵喵,猫来了,看你下来不下来。'"充分体现了阅读者的自豪和喜悦,激励其他儿童与同伴分享阅读的收获和快乐。

根据艾登·钱伯斯的"阅读循环"理论,"回应"是推进儿童开展阅读的重要环节之一。艾登·钱伯斯认为,"文学总是从各个层面吸引着人们去阅读它,我们随时可以听到人们谈论对各种文学作品的心得——喜欢、厌烦、刺激、有趣、愉悦等。而这些心得正是最大的乐趣所在"[1]。回应,有的是自我的,在读完一本书之后,期待能再经历相同的阅读乐趣。这种感觉会驱使阅读者重读这本书,或者去看看同一位作者的其他作品,或是相同主题的作品。这种动机就达到了推进儿童阅读开展的目的。如二年级上册"读读童话故事"教学时,教师引导学生阅读任溶溶写的《没头脑和不高兴》,在课堂开始时通过读"序"来了解作者:

---

[1] [英]艾登·钱伯斯:《打造儿童阅读环境》,北京联合出版公司,2016,第10页。

1.读"序":现在就让我们轻轻地、慢慢地把书翻开,瞧,这里有书的序——《可爱的任溶溶爷爷》,发现了吗?是谁写了这篇序?(学生答:孙建江)孙建江是怎么介绍任溶溶爷爷的呢?自己赶紧读一读。

2.分享作者信息:现在,你对任溶溶爷爷有了哪些了解呢?(引导学生从年龄、身份、影响力、写作风格等多个方面交流信息,感受作者人老心不老、可爱幽默的魅力。)

3.出示任溶溶的漫画头像,认识作者:哇,好可爱的老爷爷!瞧,他来了!一起叫叫他吧——任溶溶爷爷。

这种做法,可以引发学生课后继续读任溶溶其他作品的欲望。同时,教师在课堂上还采用多种形式,引导学生进行阅读分享:

1.学习分享

(1)自由分享,朗读有趣的情节:"没头脑"和"不高兴"发生了这么多有趣的事情,你最喜欢哪一件呢?赶紧跟大家来分享一下吧。(引导学生说说有趣的理由,通过指名读、小组读、齐读等多种形式感受有趣的情节)

(2)随机观看动画片:刚才有几个小朋友都特别喜欢武松打虎的片段,有人还把这个有趣的部分制作成了动画片呢,你们想看吗?(多媒体播放动画片)

(3)引导读出画面感:你看,无声的文字变成了有声的画面。其实,读书就是有这样的作用,我们可以把文字在头脑中读成一段动画片。谁再来跟大家分享一下?通过你的文字分享,我们眼前好像也能看到动画片。(学生绘声绘色地朗读有趣的情节,努力读出画面感)

(4)小伙伴自由组合,分享有趣的情节:还有这么多有趣的小故事呢!小朋友可以找到自己的小伙伴去分享。如果他的分享让你看到了这样的动画片,别忘了要夸夸他哦!(播放音乐,学生在舒适自由的阅读环境中分享

有趣的童话）

2.自由分享

（1）引出其他小故事：这本书里还有其他的故事，你读过吗？这些故事哪里最吸引你？也来跟大家分享一下吧！

（2）学生多种形式自由分享喜欢的故事片段。（朗读、表演、漫画、插画……）

（3）随机渗透爱书的好习惯：有些小朋友读到自己喜欢的片段时，把它干干净净地画出来，可不是乱涂乱画的，真棒！还有的小朋友读到自己喜欢的那一页时，可不是随随便便地折个书角，而是夹上了书签，也很棒哦！

分享阅读是上述教学的亮点，教师引导学生以多元的形式呈现自己个性化的阅读成果，从扶到放，让学生尽情享受阅读的快乐。

（2）交换图书。这也是一种分享、回应的方式。交换图书不仅让学生实现了阅读资源的分享，同时还激发了学生的阅读兴趣。所谓"书非借不能读也"，学生会对别人的图书产生好奇心，再加之相互介绍自己的图书中的精彩内容，则更能激发阅读兴趣。如一年级下册的"读读童谣和儿歌"，教师安排了以下教学片段：

1.介绍自己的书

（1）学习介绍的方法。

师：我发现了小朋友们都带来了儿歌童谣的书。你们愿意把自己的书介绍给大家，让小伙伴们喜欢上你的书吗？你觉得该怎么介绍你的书呢？

教师从评价中总结方法：书名很重要（板书：书名），大声地清楚地告诉大家，你的书是——；最有趣的一定是你最喜欢的（板书：最喜欢），告诉大家你最喜欢的内容也很重要。

（2）现在谁想来介绍一下自己的书？

学生介绍,教师评价:是呀,声音一定要响亮;如果你能像××一样绘声绘色地介绍你最喜欢的儿歌,别人一定会喜欢上你的书。请你再来试一试。

这下你们喜欢他的书了吗?谁还想来试试?你们喜欢他的书吗?

总结方法:瞧,他多能干啊!不仅清清楚楚地介绍了书名,还绘声绘色地介绍了他最喜欢的儿歌,所以大家都喜欢。

(3)向同桌介绍介绍。

2.学会与人交际,交换图书

你们的书真有趣,有个小朋友也和你们一样可想看你们的书了,(课件引入主人公)这是——小明。听听他在说什么。(课件语音:"我喜欢你的书,我们可以换书看吗?")哇,这个办法真不错,你们也想换书吗?

在轻快的音乐声中,学生兴致勃勃地走出座位与小伙伴交换图书,交换成功的便乐滋滋地坐回座位上看书。

(二)培养习惯为重

养成良好的阅读习惯将影响学生的一生。低年级正是养成习惯的关键期,教师要格外重视阅读习惯的培养。教学"快乐读书吧"时要根据教材的特点,落实学生阅读习惯的养成,如"读书真快乐"注意培养学生在公共阅读场所安静看书以及爱护书籍的习惯,"读读童谣和儿歌"教学培养学生与伙伴交换图书时爱护图书和及时还书的习惯。当然,习惯的养成不是一节课就能达成目标的,而是需要长时间进行关注、引导,渗透在教学的过程中,在平时的行为中时时提醒。

(三)方法引导为主

阅读,无章则散,无法则乱。"快乐读书吧"教学的意义就在于"得法于课内",而后使学生"得益于课外"。低年级正是学生阅读的起步阶段,尤其需要阅读方法的引领。在一、二年级教材中也多处体现了对学生阅读方法的引导,教师要根据不同阶段学生的阅读疑难问题进行有效的方法指导。

1. 解决"和谁一起读""在哪里读"的疑难

一年级上册"读书真快乐"是学生进入学校后接受的第一次正规的阅读指导。因此要注意指导最为基本的开展阅读的方法。起始年级的儿童，阅读能力较弱，尚不能独立阅读，需要有人协同阅读，因此教材插图一的提示语是"我经常和爸爸妈妈一起读有趣的故事书"，提示了阅读的协同对象，也就是解决了"和谁一起读书"的问题。而教材插图三中出现"周末，我在书店看到了很多好看的图画书"，提示了阅读的场所，解决了"在哪里读书"的问题。当然，教材中的提示语只是引出方法，在教学中要注意拓展，如阅读的协同对象除了父母，还可以是兄弟姐妹、同伴等，阅读场所除了书店，还可以是公共图书馆、学校阅览室等。

2. 解决"怎么选书"的疑难

不是所有的书都适合每一位读者。选书，直接影响阅读的效果、儿童对阅读的兴趣以及阅读的质量。因此，在起始年级，教师要将指导学生选书纳入教学内容。如一年级上册的"读书真快乐"，教师创设了在图书馆借书的场景，从书的分类，到根据自己的需要到相关类型的书柜中找书，并通过翻看书的目录和内容找到自己需要的书（具体教学环节见"课堂现场链接"）。

3. 解决"怎么读"的疑难

根据学生阅读能力，具体指导如何开展阅读，这是每一次"快乐读书吧"教学的重要教学目标。除了一年级上册没有涉及"怎么读"，其他三册都有安排。如一年级下册"读读童谣和儿歌"涉及了读童谣和儿歌的方法，二年级上册"读读童话故事"以及二年级下册"读读儿童故事"涉及了读整本书的方法和读有情节的故事书的方法。这些方法的习得，对儿童开展其他读物的阅读是极为有益的。教师在课堂指导上，要作为重要任务进行落实。如"读读儿童故事"，有教师在教学时就从"读封面——读目录——读序——读正文"几个板块进行指导，使学生获得读整本书的方法（具体教学环节见"课堂现场链接"）。从一年级下册开始，还要注意教给学生分享的方法，如"读读童谣和儿歌"可以采用朗读、表演读、与同伴合作读等方法进行分享,二年级的"读读童话故事"和"读读儿童故事",可以采用做读书卡片、表演故事情节等方法与同学分享阅读收获。

"快乐读书吧"将课外阅读指导纳入教材,是教材史上的一大创举。面对这样崭新的栏目,教师们需要正确理解教材编写的意图,准确把握教材特点,敢于实践与探索,将课内指导落于实处,使我们的孩子爱上阅读。这是功德无量的工作!

《读书真快乐》

执教者:宁波市海曙外国语学校 吴素文

一、结识新伙伴,好书来见面

1. 和大猩猩威利见面

(1)在这个特别的地方上课,老师给大家请来一个新朋友。请你们叫叫他的名字,和他打声招呼吧!

(2)说说威利是个怎样的小伙伴。

要点:他是个大猩猩;他的样子很可爱;他特别喜欢书,头上还顶着书呢……

【提示】课堂伊始,学生就有一种新鲜感,在轻松的气氛中认识一个爱读书的新朋友。

2. 猜一猜,威利爱看哪些书

【提示】根据学生的发言,老师适时引导出读书的益处。如喜欢读童话故事的人往往有一颗美好的心灵,小朋友们要多读童话故事哦;读科普类的书能收获许许多多的知识;读历史书会让小朋友变得聪明;寓言故事会告诉我们一个个道理……

3.摸一摸,百宝箱里找秘密

威利究竟爱读哪些书,让我们把它摸出来,并大方地告诉大家:威利爱读《　　》。

教师帮助学生把从百宝箱里摸出来的书的封面贴到黑板的左边。

(书名:《十万个为什么》《发明发现》《幼儿手工入门》《幼儿折纸》《白雪公主》《唐诗三百首》《四季儿歌》《笨狼的故事》……)

4.理一理,帮助威利整整书

(1)威利爱看的书这么多,让我们帮他整理成四类。一组小朋友在黑板上整理,其他组的小朋友在座位上整理。

(2)采访在黑板上整理的一组:为什么要这样分?贴上种类的标签。

(分类:童话故事、科普知识、儿童手工、诗词儿歌)

通过分类,让学生简单了解:科普知识是介绍科学知识的;儿童手工告诉小朋友怎样做东西;诗词儿歌的内容都是短短的、小小的,读起来朗朗上口……

(3)通过整理,威利爱看哪些种类的书就很清楚了。他会对你们说什么呢?

(录音1)威利说:"小朋友们,你们太棒了,在你们的帮助下,我知道自己爱看哪些种类的课外书了,谢谢你们哦!"

二、用心来发现,处处都有书

1.猜猜书从哪里来

威利爱看的书这么多,都是从哪儿来的?请你来猜一猜。

2.看看有书的地方

大家说得真好,生活中处处能找到书,一起看看吧。(课件里显示各种图片:小朋友家里的书柜,教室里的书架,学校的阅览室,大街小巷的书店,图书馆,童书馆,网上书店……)

3.听听威利在哪看书

这么多地方可以找到书,威利会经常在哪儿看书呢?听听他是怎么说的。

(录音2)威利说:"我家有一个大大的书柜,我经常在那儿拿书看,我还特别喜欢去新华书店看书,因为那里的书更丰富。下面,我就要去新华书店看书了,你们愿意跟我一起去吗?"

三、入新华书店,享阅读之乐

1.跟着威利去书店

(1)边走边念儿歌。

我们和威利来到新华书店,一走进大门就像走进了书的海洋。一起念念儿歌:

> 走走走,跟着威利往前走。
>
> 书真好,像食粮;
>
> 书真多,看不完。
>
> 一边走,一边看,
>
> 我爱的书在招手,在招手!

(2)认分类标牌。

走着走着,威利带我们来到了低幼读物区。这里有很多小朋友爱看的书。有介绍科学知识的"科海畅游",有绘本,有童话寓言,有诗词儿歌,还有儿童手工和绘画启蒙。

提示:老师带领学生看各书柜的分类标牌,了解书店的书是如何分类摆放的。

2.找找威利要看的书

(1)尝试找到第一本书。

威利想看什么书呢?(课件显示:我想知道怎样用彩纸折出一件衣服)

谁能帮他找到这本书?指名找。说说是怎么找到这本书的。

师生一起确认是否找到了威利要看的书:"这是一本介绍折纸的书,打开目录看到有折衣服的内容。翻到第（　）页，看到详细介绍用彩纸折衣服的方法。"

（2）发现找书方法。

你太厉害了，顺利地帮威利找到了第一本书。他会对你说什么呢？

（录音3）威利说："帮我找到书的这个小朋友，真能干，我要为你竖大拇指哦！你让我知道了怎样找书。首先要想一想，要找的书在哪个书柜，比如，要找折纸的书，首先找到儿童手工的书柜。找到书柜后，通过书的封面和书名发现折纸的内容；接着到目录里确认一下有没有"折衣服"的介绍，一本没有的话，到另一本里去找，直到找到为止。"

威利为你竖大拇指呢，你教给他一种找书的方法。通过"找书柜—看书名—查目录"，一步一步找到要看的书。

（3）运用方法再找四本书。

威利还想找这四本书看。（课件显示：我想读一读绘本故事《迟到大王》；我想念一念古诗《春晓》；我想看看童话故事《拇指姑娘》；我想知道小鱼为什么总是成群游动。）

分组帮忙找书，交流找到的书。

3. 安静选书和阅读

（1）威利选到爱看的五本书，开心极了。看，他正坐在一旁安静看书呢！

（2）书店里一位妈妈有话要和儿子说，她该怎么做？

要点：轻轻地说，不让其他人听见，不影响别人看书。

（3）书店里也贴着这样的提醒：请勿大声喧哗，请勿在通道里奔跑。

我们一起静静地选书和看书吧。

4. 不买的书放回原处

（1）小朋友们，看书的时间结束了。谁愿意第一个把书放回原处？老师评价：我看见他把书轻轻地放回了原处，表现得真棒！

分组把书放回原处。

【提示】通过一个小朋友的正确示范,加上老师的正面评价,让学生知道应该要把书轻轻地放回原处。

(2)如果你特别喜欢这本书,可是没看完又该回家了,你会怎么做?

要点:下次再去书店接着看;把书买回家;到朋友家去借;叫爸妈到网上买……小朋友们的办法可真多。好书总是那么让人喜欢,让人希望能够拥有它。

5.和好朋友威利说再见

这节课快要结束了,好朋友威利会对我们说什么呢?

(录音4)威利说:"小朋友们,这节课,书让我们成了好朋友。把你从书中得到的快乐去和更多的朋友分享吧,让我们一起快乐读书吧!小朋友们,再见!"

我们也和威利说再见吧!

第三章

表达篇

第一节 口语交际

在社会生活中,口语交际历来就具有重要的作用,随着时代的发展,愈加显现出举足轻重的作用。具备较强的口语交际能力有利于促进学生的思维发展,为他们终身的学习、生活和工作奠定基础。《义务教育语文课程标准》将口语交际能力同识字写字能力、阅读能力、写作能力共列为四大能力。

第一目 教材编排特点分析

《义务教育语文课程标准》在总目标中提出小学阶段的口语交际的目标为:具有日常口语交际的基本能力,学会倾听、表达与交流,初步学会运用口头语言文明地进行人际沟通和社会交往。

第一学段"口语交际"的目标为:

1. 学说普通话,逐步养成说普通话的习惯。

2. 能认真听别人讲话,努力了解讲话的主要内容。

3. 听故事、看音像作品,能复述大意和自己感兴趣的情节。

4. 能较完整地讲述小故事,能简要讲述自己感兴趣的见闻。

5. 与别人交谈,态度自然大方,有礼貌。

6. 有表达的自信心。积极参加讨论,敢于发表自己的意见。

统编本教材将以上目标细化,分步落实在每册的四次口语交际的专项训练之中。统编本教材与义务教育课程标准实验教科书(简称人教版教材)相比,在口语交际方面的编写上进行了很多变革,给人焕然一新的感觉。为了更好地用好教材,我们曾对一线教师和学生进行了访谈和问卷调研,从教师、学生以及两种教材对比的角度来剖析口语交际的编排特点。

从教师的角度,看口语交际的编排特点:

(一)新旧对比,看显性变化

新教材,新变化,到底新在哪里?我们将统编本教材中的口语交际同人教版教材中的口语交际进行了一番比较,发现统编本教材的"显性"变化主要有以下三个方面:

1. 精简数量,明确目标

统编本教材每册总共安排了四次口语交际训练,每两个单元出现一次,数量是人教版教材的一半。量的减少,并不意味对口语交际的忽视,而是为了更充分、更扎实地落实每一次口语交际,力求得到质的保证。另外,统编本教材中的每一课口语交际都有明晰的目标指向,如"听故事的时候,可以借助图画记住故事内容","讲故事的时候,声音要大一些,让别人听清楚"等等。它以"小贴士"的方式直接呈现于教材之中,每一次口语交际的重点一目了然,对教师的教和学生的学起到直接指导作用。

2. 图文结合,注重语境

统编本教材每一课口语交际以整页的篇幅呈现,明确交代交际主题、交际内容、交际目标。有的课文还配有多幅插图帮助展开交际活动。如在《听故事,讲故事》中,用有趣的连环画勾勒出《老鼠嫁女》的故事情节;在《请你帮个忙》和《打电话》中,用形象的画面再现生活场景;在《一起做游戏》中,用生动的图画还原孩子们做游戏的情景。图旁大多配有画外音,如:"叔叔,您好!请问书店怎么走?""来,和我们一起做游戏吧!""可是我不会玩啊。""没关系,我教你,这个游戏这么玩……"教材以图文结合的呈现方式,给口语交际的教学提供了一个个典型生动的交际语境,为教师的情境创设提供了范例和依据。

3. 联系生活,强调应用

统编本教材摒弃了人教版教材中独白、介绍式的口语交际话题,强调交际的真实性和互动性,所选话题具有现实意义,能和生活建立起紧密联系。

(1)与儿童生活密不可分。如《我说你做》《我们做朋友》《一起做游戏》《做手工》《推荐一部动画片》,都是儿童生活的再现。

(2)与校园生活紧密联系。如《用多大的声音》《图书借阅公约》。

(3)与现代、社会生活连接。教材体现的是国家意志,强调核心价值观,在指导学生学好语文的同时,要关注学生的终身发展。口语交际教材编排还体现了培养具有良好素质公民的意识。如《用多大的声音》教学生在不同场合用多大的声音说话,具有现实意义,《请你帮个忙》提示学生在需要他人提供帮助时应该有的礼节,《商量》《注意说话的语气》体现了与人交往的文明礼仪。

所有话题充满生活气息,所有课堂所学均能应用于日常生活,也为学生将来成为社会人奠定良好的基础,体现了口语交际在实际运用中的价值。

(二)上下联系,现隐性知识体系

将统编本教材一、二年级四册的口语交际内容进行梳理,通过上下联系、对照,可以发现教材暗藏着一条知识与能力的序列线。

学期	内容	交际重点目标
一年级上册	《我说你做》	大声说,让别人听得见 注意听别人说话
	《我们做朋友》	说话的时候,看着对方的眼睛
	《用多大的声音》	说话要注意场合,有时候要大声说话,有时候要小声说话
	《小兔运南瓜》	大胆说出自己的想法

续表

学期	内容	交际重点目标
一年级下册	《听故事，讲故事》	听故事的时候，可以借助图画记住故事内容 讲故事的时候，声音要大一些，让别人听清楚
	《请你帮个忙》	有时候我们需要别人的帮助。会使用礼貌用语：请，请问，您，您好，谢谢，不客气
	《打电话》	给别人打电话时，要先说自己是谁 没听清时，可以请对方重复
	《一起做游戏》	一边说，一边做动作，这样别人更容易明白
二年级上册	《有趣的动物》	吐字要清楚。有不明白的地方，要有礼貌地提问
	《做手工》	按照顺序说。注意听，记住主要信息
	《商量》	遇到情况，要用商量的语气。把自己的想法说清楚
	《看图讲故事》	按顺序讲清楚图意。认真听，知道别人讲的是哪幅图的内容
二年级下册	《注意说话的语气》	说话的时候，使用恰当的语气，不要太生硬，避免使用命令的语气，能让听的人感到舒服
	《长大以后做什么》	跟小组同学说一说你的愿望：清楚地表达想法，简单说明理由。对感兴趣的内容多问一问
	《图书借阅公约》	和同学讨论一下，班级图书角应该怎样管理，形成"图书借阅公约" 主动发表意见；一个人说完，另一个人再说
	《推荐一部动画片》	向大家推荐一部动画片：注意说话的速度，让别人听清楚。认真听，了解别人讲的内容

1. 习惯先行，贯穿始终

统编本教材非常注重对交际习惯的培养。一年级上册第一课口语交际《我说你做》中就明确提出"大声说"和"注意听"的要求。直接、简明的目标直指习惯培养，帮助学生养成良好的交际习惯。紧接着，在《我们做朋友》中，强调"说话的时候，看着对方的眼睛"，对学生的交际习惯进一步提出要求。在一年级下册第一课口语交际《听故事，讲故事》中再次明确提及"讲故事的时候，声音要大一些，让别人听清楚"的要求，以此巩固和强化听说习惯。教材一次次明确提出相关目标,可见对习惯的重视和强调。

2. 能力渐进,循序向前

教材还非常注重对学生交际能力的培养,通过目标分解、细化落实,帮助学生在循序渐进中提升能力。以"听"为例,从"注意听别人说话",到"听故事的时候,可以借助图画记住故事内容",再到"没听清楚时,可以请对方重复",以此实现从"能听"到"会听"这一能力的提升。再如"说"的方面,从起先的"大声说",到之后的"大胆说""有礼貌地说""配合动作清楚明白地说",一步一步地帮助学生提高口头表达能力。统编本教材关注交际能力的前后衔接和提升,让学生在每一次口语交际中都能得到针对性的训练,使学生的交际能力在层层递进中螺旋上升。

3. 内外兼修,整体提升

口语交际是人类特有的一种社会活动,除了语言这一因素外,还涉及交际手段、交际对象、交际环境、交际规则等因素。统编本教材突破性地对这些因素加以关注,并以目标的形式提出要求。如教材一再出现"让别人听得见""让别人听清楚""让别人更明白"等表述,帮助学生确立交际的对象意识。又如教材不仅提出要"大声说话",还提出"有时要小声说话",引导学生建立交际的场合意识。再如,在《小兔运南瓜》中,要求学生大胆说出自己的想法,帮助学生树立自信,培养角色意识。这些目标使口语交际走出了一味追求口头语言能力提升的误区,将情意培养、内在修养提升交融在一起,让口语交际更加切合实际的需求。

那么,学生又会如何看待统编本教材中的口语交际课呢?

我们对一所学校的178名一年级学生(其中男生89人,女生89人)针对统编本教材一年级上册的接受情况,进行了一次问卷调查。结果显示,有98.8%的学生表示非常喜欢口语交际的内容。其中针对一年级上册四次口语交际课,在"我最感兴趣的课"调查中,每课得票情况如下:

我最感兴趣的课	总票数	占总人数的百分比	男生票数	占男生总数的百分比	女生票数	占女生总数的百分比
《听故事，讲故事》	47	26.40%	19	21.35%	28	31.46%
《请你帮个忙》	19	10.67%	10	11.24%	9	10.11%
《打电话》	18	10.11%	5	5.62%	13	14.61%
《一起做游戏》	94	52.81%	55	61.79%	39	43.82%

在"我喜欢的原因"调查中，学生的选择情况如下：

我喜欢的原因	总票数	占总人数的百分比	男生票数	占男生总数的百分比	女生票数	占女生总数的百分比
插图很有意思	63	34.83%	30	33.71%	33	37.08%
交际内容很有趣	81	44.94%	36	40.45%	45	50.56%
想学新本领	63	35.39%	29	32.58%	34	38.20%
可以展示自己	50	28.09%	29	32.58%	21	23.60%
可以玩	95	53.37%	57	64.04%	38	42.70%
可以听故事	58	32.58%	29	32.58%	29	32.58%
可以讲故事	31	17.42%	12	13.48%	19	21.35%

通过调查发现，统编本教材的口语交际内容之所以深受学生的喜爱，与教材所选的交际话题、内容能引起学生的学习欲望，激发学生的学习兴趣和期待有密切关系。借助数据，我们也发现：

1.学生对《一起做游戏》最期待，其次为《听故事，讲故事》。相较之，学生对《请你帮个忙》和《打电话》的学习期待不高。究其原因，前两者在学习内容上有一定的悬念，同时游戏和故事本身是学生感兴趣的活动形式，所以学生兴致勃勃，男生更是兴趣盎然。但联系"我喜欢的原因"调查数据，又发现学生兴致虽高，但对玩的期待超过对学的期待，对内容的期待超过对学本领的期待。

2.调查显示，半数以上的男生期待《一起做游戏》，而女生除期待《一起做游戏》外，还有近三分之一的学生期待《听故事，讲故事》。由此可见，男生热衷于动态交际，女生有静态交际的倾向。

3. 统计"我喜欢的原因"中"可以展示自己"一栏,发现一年级的学生普遍缺乏交际自信,女生的这一情况更加明显。联系"可以听故事"和"可以讲故事"的数据,更能清楚地说明,多数学生愿意做个听众,却不太乐意登台亮相。

根据以上的种种发现,我们认为教师不能忽视学生的年龄、性别、性格等因素对口语交际教学的影响,教师要关注学情,循序引导,合理展开教学。

第二目　教学策略

如果说教师眼中的新教材更多的是理性的分析和解剖,那么学生眼中的新教材,则更多的是感性的直觉和个体喜好。如何结合这些理性的分析和感性的数据,开展并指导口语交际教学呢?

一、前后照应 —— 整体把握教材

统编本教材中的每一次口语交际并不是孤立的,它们彼此联系,相互连接,密不可分:前一课的习得可能会成为后一课学习的起点,而后一课的学习也会成为前一课的巩固。此外,每一课中的文字、插图、"小贴士"也不是单独存在的,它们互相补充、渗透,组成了口语交际教学中不可分割的整体。因此在教学时,教师要有整体把握教材的意识,要适当地前后联系、图文对照,让每一次口语交际成为交际教学链中的一环,环环相扣,发挥其应有的作用。

如《请你帮个忙》一课,教材由三个部分组成。一句话"有时候我们需要别人的帮助"清楚交代本课交际的内容。一条"小贴士":"礼貌用语:请,请

问、您、您好、谢谢、不客气"明确本课交际的重点目标。另外,还配有三幅有趣、形象的生活情境图。

通过图文对照会发现,书中三次请求的场合不同:一次是在公园里,小朋友和叔叔之间的距离较近;一次是在美术课上,是同桌之间的互帮互助;还有一次是在球场边,小朋友和大姐姐之间的距离相对较远。另外,这三幅画面还有一个共同点:三组人员之间都有眼神交流,都看着对方的眼睛说话。

图中的这些暗示给了教师联系前文的线索。我们发现:三种不同的交际场合,小朋友请求的音量应有所不同。因此,可联系前文《用多大的声音》,将"有时候要大声说话,有时候要小声说话"这一目标纳入本课。眼神的交流是一种身体语言上的礼貌表现,是对礼貌用语的配合和补充。因此,前文《我们做朋友》一课中"说话的时候,看着对方的眼睛"这一目标也可成为本课复习巩固的内容。

通过联系前后教学内容,再结合对本课图、文的解读,《请你帮个忙》的教学目标确定为以下几点:

1. 在请求别人帮忙的时候,或在帮助他人的时候,都能恰当地使用"请、请问、您、您好、谢谢、不客气"等礼貌用语。

2. 能根据不同的场合,用不同的音量请求帮助、做出回应。

3. 能做到说话的时候,看着对方的眼睛。

统编本教材的口语交际内容安排体现了交际能力的层层递升,因此教师必须要有整体观照的意识,努力让每一次口语交际都成为复习"旧识"、习得"新知"的过程,让学生在环环相连、前后呼应的交际教学中,实现交际能力的循序渐进。

二、具象分解 —— 精准落实目标

统编本教材口语交际目标清晰、明确,给教师的教和学生的学指明了方向。但是一年级学生理解、实践能力有限,他们很难将概述的目标转化为具体的行为。因此，在教学过程中，需要教师有的放矢，根据目标提出具体的分解要求，将目标具象化为学生能实践操作的要领，让每一次交际有据可依，最终实现目标的有效落实。

以《听故事，讲故事》为例，本课的重点交际目标为：

1. 听故事的时候，可以借助图画记住故事内容。

2. 讲故事的时候，声音要大一些，让别人听清楚。其中"借助图画记住故事内容"这一目标对学生而言，无法一步到位，因此在教学中，可以将其分解为两个步骤：

第一步，在"听故事"前，用图文并茂的方式向学生提出三个要求：①听故事时，不讲话；②仔细看图；③边听边思考故事讲了什么内容。在老师讲完故事之后，请学生说说听懂了什么，随机认识故事中出现的人物，和他们打打招呼。

第二步，再次"听故事"，向学生提出三个要求：①听故事时，不讲话；②仔细看图；③边听边思考老师讲到哪一幅图了，用手指把这幅图点出来。在听完故事之后，请学生根据故事的顺序，给打乱的图画排排队。然后，师生合作看图回顾故事内容。

教学中，教师的要求具体、细致，不仅将"认真听"落到实处，同时分解步骤，让学生有"法"可依，有"路"可循，最终扎扎实实地落实"看图记故事"这一教学目标。

另外，在本课中还有一条针对讲故事的目标——"声音要大一点，让别人听清楚"，这是学生比较难以自我评判的，也需要教师来合理细化，让学生明晰目标。如有教师这样安排：借助音量卡评价，让学生清楚了解自己声音的大小。（音量卡设计：一个"小喇叭"表示声音太轻，两个"小喇叭"表示声音不够响亮，三个"小喇叭"表示声音响亮）在集体听讲故事的时候，请小评委出示音量卡。在同桌合作听讲故事的时候，请学生互相出示音量卡评价。简简单单的小卡片让声音的轻重有了具体的衡量方式，便于学生做出判断，及时调整音量,让别人听清楚。

目标具象细化,可以使学生在明确的要求指引下,在合理的板块推进中达成最终的交际目标。

三、真实还原 —— 有效链接生活

注重语境、强调应用是统编本教材口语交际的显著特征。因此,在教学实施过程中,教师要注意情境的创设和运用。

教师可利用插图,还原生活。书本配有不少生动有趣的插图,从调查结果看,不少学生对其充满好感,并引发兴趣,产生学习期待。教师可以合理利用这一教学资源,让学生在画面呈现的生活情境中,尝试口语交际。如《请你帮个忙》中,教师可根据书中的画面,真实再现生活场景。让学生演一演,说一说,评一评,开展师生、生生之间的互动,帮助学生掌握和使用礼貌用语,学会有礼貌地请他人帮助。

教师也可创设情境,联系生活。由于生活中的交际无处不在,学生对此十分熟悉。教师可根据教学需要在课堂中营造生活场景,让学生在情境中自然轻松地交际。如《请你帮个忙》可以设置几个不同场合向不同身份的人请求帮助的场景,由师生合作、生生合作扮演,引导学生身临其境,实现课堂与生活的高度衔接。

教师还可安排任务,回归生活,让学生在生活中用好"交际"。比如学完《打电话》后,教师可以用"传递秘密任务"的方式,安排学生抽签领取任务单,然后学生根据任务指示,给有关同学打电话。简单的任务设计可以引导学生学以致用,让所学知识指导生活,锻炼和提升交际能力,让学生体会到口语交际所带来的快乐和成就。

总之,教师要想方设法地将口语交际同生活挂钩,让学生真实地听,真实地说,真实地互动,让交际变得灵动而接地气。

四、收放自如 —— 平衡课堂气氛

课堂气氛是学生学习兴趣的外在体现。积极、融洽的气氛有助于学生高效学习,反之则会影响学生的学习效果。从之前的调查情况来看,虽然每一堂口语交际课都深得学生的喜爱,但学生的期待程度有所不同,期待意图有所区别。因此,教师在教学中也应差异对待,让课堂气氛保持适度和适当。

调查显示,学生对《一起玩游戏》的期待值高达 52.81%,可以想象在这一类活动型的课上学生一定会热情高涨。此时,教师可根据学情适当收敛,以确保交际活动的有序开展。如开课时,教师明确告知学生:这节课,我们要进行一场"游戏推广会"。听得认真的小朋友都将得到一张宝贵的选票,为自己喜爱的游戏投上一票。教师先抑后扬,让学生的关注重心从游戏转移到倾听上,将学生的热情先"收"起来。之后,教师再介绍游戏推广的要求和方式,让学生在约束中释放,在限制中行动,确保交际过程的听说质量。

《请你帮个忙》和《打电话》两课,由于学生对交际形式较为熟悉,学习期待相对较低。那么此时,教师可创设情境"煽动"气氛,激发学生的学习兴趣。可利用学生争强好胜的心理,给他们制造关卡。如"看看你能赢得几个人的帮助",让学生在闯关中习得交际本领。此外,还可利用学生的好奇心,设置悬念。如"老师的秘密任务",让学生为一探究竟而投入交际。

总而言之,教师要根据学生的学习兴趣、学习状态调整课堂安排,或抑制,或激发,或维持,让课堂气氛随"生"而动,让口语交际适势而行。

五、动静结合 —— 均衡口语发展

因性别、性格等原因,学生对口语交际的热情是不同的。有些学生能说会道,善于交际;而有些学生沉默寡言,不善交流,他们在口语交际课上的状态也截然不同。教师要关注、重视这些个体差异,在教学中因材施教。

比如,针对性格外向、善于交际、乐于展示的学生,教师要呵护他们的交际热情。在教学初始阶段,积极迎合他们的表达需求,让他们多表现、多展

示。教师可充分发挥他们的示范引领作用,让他们的交际热情感染其他学生。当面对性格内向、不愿交际、羞于展示的学生时,教师要善于调动他们的交际兴趣,鼓励他们努力尝试、勇敢展示,让他们在尽力而为中提升自信,体验成功的乐趣。然而,在对待交际困难、害怕展示的学生时,教师则要尽力消除他们心中的不安和胆怯,让他们在复习巩固阶段中接受挑战,在师生的共同激励中找到方法,建立自信。

同一个学生,在面对不同口语交际话题时的状态也会有所不同。教师要留意学生对话题的不同反应,利用不同话题均衡发展学生的交际能力。让爱动的学生学会静静地思考,让喜静的学生努力展示自我;让爱说的学生培养倾听习惯,让善听的学生努力培养表达意识……教学中,教师应关注学生的个体差异,让学生取长补短,在口语交际的课堂上得到交际能力的均衡发展。

综上所述,统编本教材针对学生的实际情况进行了适度调整,让口语交际更贴近学生的生活,更注重培养交际的良好习惯,更适合学生的能力发展。教师应该深入钻研教材,根据教学的实际情况,不断调整教学的方式方法,发挥教材的作用,使学生的口语交际能力得到长足发展。

(本目由徐晓青供稿)

《用多大的声音》

执教者:杭州市青蓝小学　蔡静

交际情境一:依托自编绘本,引出交际话题

1.依托绘本,引发认知冲突

小朋友们,今天我们要一起来读一个好玩的故事,题目是《大卫,不可以!》。

（出示自编绘本：大卫是个文静的小男孩，说话总是轻轻的。妈妈看到了，总是对他说："大卫，不可以！请你大声说话！"慢慢地，大卫学会大声说话了。有一天，他在学校里看到了很多好朋友，于是大声地喊："嘿！你们好！我们一起玩吧！"这时，老师经过这里，对他说："大卫，不可以！请你小声说话。"）

2.对比冲突，揭示讨论话题

这下，大卫可烦恼了，他到底该大声说话，还是小声说话呢？今天这节课，我们就一起来学习《用多大的声音》。

交际情境二：借助教材插图，领悟交际要求

1.观察场合，确定说话音量

（1）出示课文插图一：教室

①你们瞧，大卫现在正在讲台上为同学讲故事呢！猜猜看，他用多大的声音在讲呢？你能从图片中找到理由吗？

预设1：他用很响亮的声音在讲，因为教室很大，只有大声说，同学们才听得到。

预设2：因为教室里听的同学多，只有大声说，才能让每一个同学听到。

②现在你就在教室里，你能用合适的音量给大家讲个简短的小故事，让大家都听到你的声音吗？（请两名学生讲）

评价：听到他声音的同学，请你向他招招手！你的声音很响亮，让教室里的每位同学都听到了！

小结：在人多的大场合里发言，只有大声说，才能让每一个人都听得到。

（板贴：图标带词卡"有时候要大声说"及教室场景图）

（2）出示课文插图二、三：图书室、办公室

下面这两种情况大卫又该用多大的声音说话呢？先仔细观察他们在哪里，是说给谁听的，然后同桌两人讨论，一会儿请你们任选一幅图表演。

①场合一：办公室（事先在教室一角布置好）

现在你们就是故事的主角——在办公室里批改作业或备课的老师和捡到橡皮的同学。请你们到"办公室"做好准备吧!

学生表演。

师:(面向扮演老师的学生)老师,你觉得他的音量可以吗?(面向其他同学)那你们认为呢?还有没有其他小组也想来表演一下?

再请一组学生表演,教师引导其他学生针对表演者声音的大小进行评价。

②场合二:图书室(事先在教室一角布置好)

学生表演图书室交谈场景。

师:同学,你为什么声音要这么轻?(面向扮演在图书室安静看书的孩子)你听到他的声音了吗?你觉得他的音量怎样?(面向全班)你们听到了吗?还有没有哪个小组也愿意像他们一样来试一试?其他小朋友请捧起书,你们就是图书馆里正在认真阅读的人哦!

再请一组学生表演,教师引导评价。

小结:在公共场合和少数人说话时我们的声音要轻轻的。(板贴:图标带词卡"有时侯要小声说"及图书馆场景图)

2.读演儿歌,巩固说话礼仪

(1)出示儿歌。

课堂上,声音响,

图书馆,轻轻说。

分场合,看人数,

调音量,有礼貌。

(2)教师带读。

(3)学生自由读。

(4)师生加动作表演读。

交际情境三:联系生活实际,提升交际能力

1. 链接生活,创设情境练习

(1)在生活中,还有哪些场合要大声说话,哪些场合要小声说话呢?

(2)(播放运动会录像)瞧,现在我们来到了青蓝小学运动会现场,我们班的小运动员正在参加接力赛呢,你们作为啦啦队员要怎么给同伴加油呢?

(3)学生各自选择喜欢的方式为运动员加油,教师引导学生在运动场要大声说。

(4)在运动员的努力付出和你们的奋力加油下,我们班的运动员获奖啦!为了表示祝贺,我们现在一起出发去听音乐会吧!(出示音乐会现场照片及音乐)这就是音乐会的现场,悠扬的音乐已经响起,小朋友们开始欣赏,慢慢地都陶醉了。此时,如果想和同伴夸夸这场音乐会,你会怎么夸呢?

(5)引导学生在音乐会这样的场合要保持轻声,以免影响他人。

2. 走进生活,创造机会说

(1)我们班的小朋友真能干,已经能根据具体的场合调节说话的音量了。(出示不同场所的图片:医院、电影院、画室、播音室、舞台)那下面这些场合又该用怎样的音量呢?

下面请小朋友们四人一组合作把它们送回家,开始!

(2)小组合作将不同场景图进行分类。

(3)小组代表展示,到黑板上板贴图画。

(4)教师随机采访:为什么要将医院送到音量小的位置呢?

(5)评价:哇,我们班的小朋友真了不起,都已经学会在不同的场合用不同的音量说话了。(板书:有时候要大声说,有时候要小声说)

(6)出示儿歌。

课堂上 —— 大声说,

图书馆 —— 小声说,

分场合 —— 调音量。

《商 量》

执教者：宁波市北仑区华山小学　冯琦佳　王梁贤

一、播放微课，还原生活，引出"商量"

小刚：今天我要做值日了，可是我今天过生日想早点回家，想和同学调换一下值日，该怎么办呢？

学生交流，引出话题，教师板书课题：商量。

二、以"换值日"为例，在情境交际中学习商量的言语表达策略

1. 指导学生在交际中合理使用商量的语气

（1）师生互动，商量换值日。

模拟生活情景，教师扮演学生与小朋友换值日。其他学生认真倾听，然后在老师的引导下，尝试提炼言语顺序：先说称呼，再说商量的事情。

（2）通过回忆交际情境，补充相关交际用语，了解商量的语气，初步做到能比较礼貌地与他人商量。

引导学生联系生活，补充征求意见的词语，如"可以吗？""好吗？"……指导学生说好问句。

引导学生仔细看一看，认真想一想：如果别人在忙，需打断别人和他商量，怎么说更有礼貌？生生交流中提炼礼貌用语，随机板贴词卡，如"不好意思""打扰一下"等。

（3）师生合作表演，进一步规范言语表达。

2. 通过随机评价，引导学生说清原因

（1）同桌练习商量换值日。老师巡视，并认真倾听，进行随机指导，帮助学生规范言语表达。

（2）创设生生商量的情境。在交际的过程中，老师要根据学情，及时引导学生摒弃表演，说清真实原因，使其初步明白通过商量能解决生活中的实际问题。

(3)老师示范星级评价,复现商量的交际策略。

请同桌上台展示。课件呈现评价标准。一星:有商量的语气;二星:说清原因,有商量的语气;三星:说清原因,有商量的语气,互相看对方,表现落落大方。

根据星级评价标准,老师示范评价。学生若未一次性达到三星标准,根据学情,引导其再演一次,让其能用合适的体态和语气进行商量。

老师从商量的语气、说清楚事情和原因、体态和文明礼貌三个方面进行小结。

(4)借助星级评价,开展生生互评。

再请学生上台展示,引导其他学生运用评价标准进行评价。

引导学生借助手势表示星级,选择几位学生进行评价。学生说不清楚时,老师可帮其补充评价。

3.通过移情体验和微课学习委婉拒绝的方法

(1)利用源自学生生活的情境,师生进行合作表演,引入"拒绝",促进学生移情体验,引导学生思考:该如何拒绝让对方不会很难过?

(2)通过生生交流,学习委婉拒绝的方法。

(3)当学生遇到表述困难时,播放微课,引导学生从视频中汲取委婉拒绝的策略。

微课内容:

小刚:"丁红,打扰一下。今天我要做值日,可是我想早点回家过生日,想和你调换一下值日,可以吗?"

丁红:"不好意思,今天我要去上舞蹈课,做完值日再去可能来不及了,要不你问问玲玲吧!"

小刚:"好的。谢谢你。"

(4)根据学生交流,老师随机小结委婉拒绝的方法,并板贴词卡:礼貌用语、说明原因、提个建议。

三、回忆生活素材,还原情境,练习运用

1. 引导学生回忆在家、在校生活中需要与他人商量的场合,随机打入课件。

2. 根据喜好,学生自主选择一个感兴趣的话题进行师生合作表演。在表演过程中,老师要充分利用各种生活道具帮助学生进入商量情境。

3. 在商量过程中,当学生说到多种原因,老师则进行随机指导,引导使用"而且""再说"等补充连接词,把前后的原因说得更有条理。

4. 班内好朋友之间自由互动,互相商量。老师巡视指导,若出现三人需要商量时,可指导学生如何有礼貌地打断别人说话,渗透"学语文,用语文"的意识。

5. 请三到四组好朋友上台表演展示。每组结束后,引导开展生生互评,充分肯定优点,并提出好建议。台上表演的一组学生根据建议,尝试再次表演。

四、课后作业

1. 回家后,与父母商量自己的真实需求。

2. 利用"问卷星"编制小调查,请家长扫描二维码,反馈孩子在家商量的情况。

3. 次日,老师对全班学生在家与父母商量的情况进行反馈,表扬认真完成口头作业的学生。

第二节　写话

写话是小学生正式学习写作的前奏，是写作至关重要的基础。在《义务教育语文课程标准》第一学段的目标中，写话与识字写字、阅读、口语交际、综合性学习并列，是重要的教学内容之一。《义务教育语文课程标准》中对第一学段的写话提出的要求是：

1. 对写话有兴趣，留心周围事物，写自己想说的话，写想象中的事物。
2. 在写话中乐于运用阅读和生活中学到的词语。
3. 根据表达的需要，学习使用逗号、句号、问号、感叹号。

《义务教育语文课程标准》对第一学段写话的要求，主要体现在以下几方面：

第一，以兴趣为先，降低写话的难度。《义务教育语文课程标准》强调了"对写话有兴趣"。低年级的写话教学最重要的是通过指导和评价想方设法激发学生的兴趣。教师要善于鼓励学生把心中所想、口中要说的话用文字写下来，消除写话的神秘感，让学生处于放松的状态。这就是常说的"我手写我口""我手写我心"，重在激发学生书面表达的兴趣，帮助儿童克服写话的畏难情绪，从兴趣入手，让学生喜欢写，乐于写，为第二学段能自由表达奠定基础。

第二，注重培养学生的良好个性。目标要求为"留心周围事物，写自己想说的话，写想象中的事物"。写的内容要注意写虚与写实并重，让学生写自己想说的话，写自己对生活的观察所得，这样可以培养学生说真话、写实事的良好个性，同时也有利于学生形成良好的写作习惯。

第三，注重积累和表达。目标提出"乐于运用阅读和生活中学到的词语""根据表达的需要，学习使用逗号、句号、问号、感叹号"，体现了《义务教育语文课程标准》对语言、知识积累和运用的重视程度。

低年级的写话既要为培养学生良好的人格和个性奠定基础，也要为中高年级的写作做良好的铺垫。但要将《义务教育语文课程标准》中的要求落实于第一学段中，需要我们在实际教学中将其具体化、细化。统编本教材在"写话"的内容编排上努力做到要求的具体化、序列化，便于教师教学。

第一目 教材编排特点分析

相较于原来的人教版教材而言，统编本教材在写话内容的编排上有了较大的改进。主要体现在以下几点：

一、凸显写话的重要地位

1. 写话要求从"羞羞答答"到"明明白白"。人教版教材中的"写话"内容安排在《语文园地》的口语交际板块下面，占用很小的一个版面，以"写一写"的形式呈现。因其呈现形式不能引起教师的高度关注与重视，很多教师只是将写话视为一个普通的练习而已。而统编本教材则将写话列为专门的一个栏目。翻开书本，一目了然，视觉冲击大，能引起教师、学生的重视。

2. 人教版教材除了《语文园地》安排的几次写话训练，课后或其他练习中基本没有出现写话的要求。而统编本教材除了在二年级安排了七次专项写话训练外，还在"字词句训练"和"课后练习"板块安排了多次写话练习。

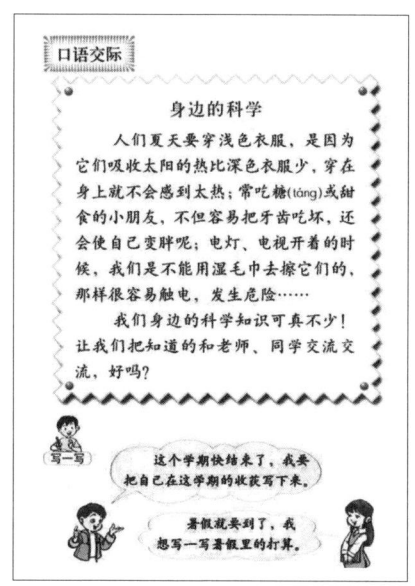
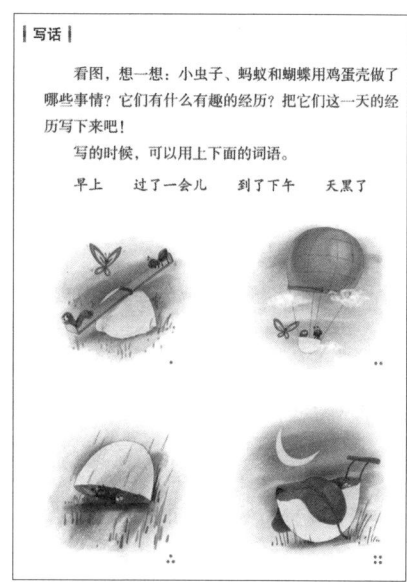

人教版教材"写话" 　　　　　　统编本教材"写话"

（素材来源：《义务教育课程标准实验教科书 语文 二年级 下册》，第150页；《义务教育教科书 语文 二年级 下册》，第54页。）

统编本教材中写话专项训练：

册次	内容	目标要求
二年级上册	1. 写自己喜爱的玩具	1. 先和同学交流，再写下来 2. 学习写话的格式：写在方格纸上；标点符号占一格
	2. 学写留言条	学习留言条的内容与格式
	3. 看图写话《猫和老鼠》	看图，根据问题提示，把想到的写下来
二年级下册	1. 写一个好朋友	按照"谁""长什么样子""你们经常在一起做什么"，写一个自己的好朋友
	2. 看图写话《一天的经历》	看图，根据问题提示写它们一天的经历，写的时候用上表示时间的词语
	3. 写心中的"问号"	把心中的"问号"写下来，写完后做成卡片，问问小伙伴知不知道答案
	4. 你想养什么小动物，写写理由	写写想养什么小动物的理由，试着多写几条

二、体现儿童主体的理念

教材在安排写话的内容上体现了关怀儿童，与儿童的现实生活紧密联系，关照儿童的兴趣，重视正确价值观的引导。如二年级上册写自己喜爱的玩具，二年级下册写自己的一个好朋友，想养什么动物，写理由，都是和儿童的生活密切相关的。写留言条体现生活中的实用价值，写心中的"问号"引导学生对自然科学产生探究的兴趣，与儿童的好奇心理相吻合。

我们将人教版、统编本教材同一类的写话主题做一比较：

主题：写动物

人教版教材：把自己熟悉的一种动物写一写。可以描写它可爱的样子，可以写写它有趣的生活习性，也可以把自己和这个动物之间发生的趣事写下来。然后把写的内容跟同学交流交流，听听同学的意见。（二年级下册）

统编本教材：如果可以养小动物，你想养什么？写写你的理由，试着多写几条。（二年级下册）

细读两个版本教材中的要求，我们发现：

1.人教版教材要求描写样子，写生活习性，写趣事，对写话刚刚起步的学生而言，难度过大，容易使学生产生畏难情绪。而统编本教材要求写理由，试着多写几条，更符合写话的要求，而且要求是弹性的，可以视自己的情况量力而行。

2.家里能养小动物，或者可以跟小动物之间有亲密接触的学生并不是很多。统编本教材在写话的内容上修正为："如果可以养小动物，你想养什么？写写你的理由。"养小动物是大多数儿童的愿望，因而涉及这个话题，人人都有话说。由此可见，统编本教材更加关注儿童的现实生活与实际心理需求。

3.统编本教材要求"写写你的理由"，不仅是进行书面语言的表达训练，也涉及了儿童思辨能力的培养。

统编本教材写话内容的安排注意写实与写虚的结合，既做到写真话写真事，又能写想象中的事物，既关照儿童当下的心理需求，又关注儿童长远的发展。正是因为教材内容的主题与儿童的生活联系紧密，与儿童心理相一致，就容易达成"写自己想说的话"的目标，使儿童乐于表达，对写话产生兴趣。

三、明晰写话要求

1.强调写话的基本规则。无规矩不成方圆，在写话起步阶段，教给学生基本的写话方法、格式、规则是非常有必要的。二年级上册《语文园地三》中，让学生写自己喜爱的玩具，是第一次专项的写话练习，教材提出写话的基本规则："我会写在方格纸上""我知道标点符号也要占一格"。

《语文园地四》中"学写留言条"是学生第一次接触应用文，教师则明确提出写作方法和格式要求：先写是留给谁的；再写有什么事；最后写自己的名字和时间"。

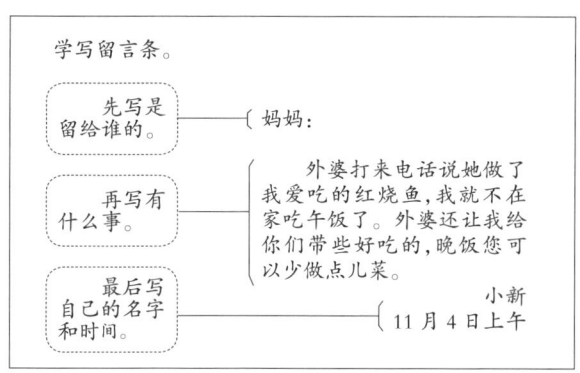

2.通过问题提示指导写话。小学生写话的难点在于：一是不知道写什么；二是不知道怎么写。这些难点的突破，需要教师进行引导和帮助。统编本教材采用了问题提示的方法，引导学生写话，开启写话之门。如二年级上册写自己喜爱的玩具，提示学生思考："你最喜爱的玩具是什么？它是什么样子的？它好玩在哪里？"二年级下册《语文园地四》的看图写话，提示学生思考："想一想：小虫子、蚂蚁和蝴蝶用鸡蛋壳做了哪些事情？它们有什么有趣的经历？"

3.安排范例指导写话。低年级学生写话从模仿起步,统编本教材在阅读教学中就有意安排了很多仿说仿写的练习,为学生独立写话奠定基础。

在写话专项训练中,还注意联系阅读的内容,为写话服务。如二年级下册《语文园地六》写心中的"问号",列举了来自课文中的很多问句:

为什么星星会眨眼睛?

为什么雨后天上挂着彩虹?

树叶的形状为什么是各种各样的?

花为什么是五颜六色的呢?

下雨前蜘蛛逃到哪儿去了?

是谁告诉蝉要下雨了?

石头上怎么会有贝壳呢?

……

以上范例的安排体现了两大作用:

一是内容涉及星空、植物、动物,为学生写话拓宽思路。

二是提供问句的类型:(1)疑问词可以是"为什么""怎么样""在哪里";(2)疑问词的位置不同,可以在句首,可以在句中。为学生如何写问句提供了帮助。

四、训练呈现渐进梯度

(一)训练的目标有序 —— 螺旋上升

根据《义务教育语文课程标准》第一学段的写话目标,统编本教材有序编排内容,逐渐推进,螺旋上升,为学生顺利开展写话打下扎实的基础。解读教材,整理各册写话的具体目标如下:

册次	写话目标
一年级上册	在阅读中逐步形成句子概念 认识逗号、句号，能初步明白逗号、句号的作用 以口语表达为主，通过仿造课文中短语、句型说话
一年级下册	采用读句子、抄句子的方法，继续巩固句子的概念 以把句子补充完整、用词写句子、仿写句子等形式进行简单的写句子练习 学习正确运用逗号、句号，认识问号、感叹号、冒号、引号
二年级上册	继续练写各种句子，能在教师指导下写几句连贯、通顺的话 能较熟练地使用逗号、句号、问号、感叹号，学习使用冒号、引号
二年级下册	能围绕一幅图（连环画）或一个话题独立地写几句连贯、通顺的话 能在写话中正确地运用逗号、句号、问号、感叹号，学习使用冒号、引号

（二）训练的形式有序 —— 先说后写

先说后写，做好从说话到写话的过渡。教材中，一年级上册主要是口头语言的训练，一年级下册除了仍然开展大量的口头仿说训练，还逐步安排了一些简单仿写句子的初步训练。从二年级开始进行专项的写话训练。

从说到写的学习理论依据是：

（1）从儿童的语言发展看，口头语言是书面语言的先导，也是书面语言的基础。低年级儿童虽然口头语言已发展得比较好，但要使说、写一致，还需经过训练。

（2）从思维与语言的关系看，语言是思维的现实反映，一般来讲，说得清楚的，思维也是清晰的。"说"是内部语言转化为书面语言的桥梁。

一年级上册教材除了在"口语交际"中进行专项的口语表达训练外，还在各类教学（包括始业教育、识字教学、拼音教学和阅读教学）中有机渗透口头语言的训练，在课后练习中进行大量的口语练习，如《四季》的课后："你喜欢哪个季节？仿照课文说一说。"《语文园地七》中"字词句运用"第二题，"看图写词语，再说一两句话"，以及一年级下册《小猴子下山》的课后要求学生说说小猴子下山以后看到了什么，做了什么……

从说起步，先说后写，为二年级过渡到写话奠定基础，使低年级学生写话水到渠成。

（三）训练的内容有序 —— 先易后难

1. 从识句子到写句子[1]

一年级教学的首要任务是结合阅读教学，帮助学生树立句子的概念，知道什么是完整句，什么是非完整句，为学生规范地表达奠定基础。就是说，认识句子、理解句子、积累句子是写句子的前提条件。

（1）认识标点。标点是组成句子的要素，是句子不可或缺的部分，也是认识句子的起步。一年级上册阅读课文《青蛙写诗》的课后练习提出"青蛙写的诗里有逗号和句号，请你圈出来"的要求。此课第一次提出逗号和句号的概念，从这之后，教师要有意识地引导学生在读课文、读句子时关注标点，逐步过渡到能在补充句子、写句子时运用逗号和句号。

（2）认识句子。一年级上册拼音"z c s"一课，第一次出现名词"字、词语、句子"，教学这一课就要渗透这三个名词的概念，之后在阅读中通过数句子、抄写句子以及仿造例子说句子中不断地巩固句子概念，进而进行应用。

2. 从积累到运用

表达的前提是积累，包括词语、短语的积累和句子学习经验的积累。这些积累对写句子、写句群、写语段具有重要的意义。教材在课后练习以及《语文园地》中有大量积累语言的训练项目，如在"字词句运用""日积月累"中精心安排了词、词组、句子的积累练习。教材中关于"积累词语"的练习，将积累与运用相结合：

一年级上册《大小多少》课后的"读一读，记一记"："一头牛　一只猫　一群鸭子　一颗枣　一个桃　一堆杏子"积累数量词组。

一年级上册《小小的船》课后的"读一读，照样子说一说"：根据"小小的船、弯弯的月儿、闪闪的星星、蓝蓝的天"来仿说偏正式词组。

---

[1] 汪潮：《部编教材第一学段写话教学的理据分析》，《语文教学通讯：小学（C）》2017年第9期。

一年级下册《动物儿歌》课后"读一读，记一记"："蜻蜓展翅　蝴蝶飞舞　蚯蚓松土　蚂蚁搬家　蝌蚪游水　蜘蛛结网"积累主谓词组。

一年级下册《语文园地八》在"字词句运用"栏目中就要求说一说、写一写表示心情的词语。

一年级下册《怎么都快乐》课后"读一读，说一说"：根据"跳绳、踢足球、讲故事、听音乐、打排球、玩游戏"词组来仿说动宾结构词组。

二年级下册《语文园地四》"字词句运用"栏目，要求根据"形容生气；形容高兴；形容难过"将积累的词语分类写下来。

这些积累不仅丰富了学生的词汇存量，而且对学生认识词性和词汇类型很有帮助，为学生生动地表达做好积淀。

3. 从模仿写到独立写

学习从模仿起步，模仿是一切学习的开始和基础。写话教学也必然要经历从模仿写到自己独立写的过程。教材中有机安排了学生仿写词组、句子的学习活动。

（1）从仿说词组到运用词语说话、写话。

如一年级上册《小小的船》《项链》要求照样子说偏正式短语；一年级下册《怎么玩都快乐》要求照样子说动宾结构短语，《彩虹》要求仿照例子说"____来____去"联合词组。到了一年级下册的《荷叶圆圆》一课，要求用表示颜色的词语来把句子补充完整："苹果_____，_____"。《小猴子下山》中要求选用动词来说一句话。

到了二年级上册，教材要求将词语运用于说话写话的练习越来越多，并鼓励学生在日常表达、专门的写话以及口语交际中运用阅读中积累的词语，在语言的实践中将消极词汇转变为积极词汇。

（2）从仿说、仿写句子到独立写话。

一年级以及二年级上册以模仿例子说句子为主。如一年级下册《语文园地六》的"字词句运用"栏目中"读一读，照样子说一说"：

小白兔割草。

小白兔在山坡上割草。

小白兔弯着腰在山坡上割草。

意在引导学生体会句子如何从说完整到说具体生动，接着又安排了学生仿照例子说句子：

小鸭子游泳。

小鸭子_____。

小鸭子_____。

类似这样的练习无疑为学生自己写好句子积累了方法和经验。到二年级下册，教材自然过渡到仿写句子的训练。如二年级下册《彩色的梦》课后要求："你想用彩色铅笔画些什么？试着仿照第2小节或第3小节，把想画的内容用几句话写下来。"《枫树上的喜鹊》课后要求："看到下面的情景，你会想到什么？试着写下来。"这次的写话要求，就不再是仿写，而是根据语境，结合自己的理解与感受独立写话。

因为有了大量的仿说、仿写的练习，学生自由表达，"写自己想说的话，写想象中的事物"就有了基础和条件。

第二目　教学策略

一、常用标点教学策略

《义务教育语文课程标准》第一学段的写话目标中提出"根据表达的需要，学习使用逗号、句号、问号、感叹号"。统编本教材二年级对标点的使用有明确的引导：

首先，在二年级上册《语文园地三》的写话练习中特地提到了标点的使用格式："我知道标点符号也要占一格。"可见，规范使用标点是基础。

其次，在二年级上下两册的课后习题中设计了根据标点读出句子不同语气的练习，以比较朗读的方式让学生在陈述句、感叹句和反问句中感受句号、感叹号和问号对表达情感的作用等，为书面使用标点做好铺垫工作。

同时，在二年级下册《语文园地六》中专设了问句的写话练习。

那么，如何训练学生在写话中根据表达需要，正确使用标点呢？

1. 读中悟理。应引导学生通过朗读，在句子语境中感悟标点的使用。如出示课文中的句子："日月潭很深，湖水碧绿。""清晨，湖面上飘着薄薄的雾。""葡萄架下，有一只狐狸在转来转去。"先通过朗读发现每个句子中使用逗号的原因，再归纳总结："逗号表示一句话中间的停顿。一个意思没写完或者表示时间、地点的词放在句子最前面时，都要加逗号停一停。"最后出示练习，让学生给句子加上逗号来表示停顿。明理后及时练习，有效落实。

2. 辨中明法。标点使用带有个人情感色彩，虽无定法，但也有共通的使用规律。对于二年级写话起步阶段的学生来说，掌握基本的使用法则是正确使用标点的保障。如借助二年级上册《坐井观天》进行感叹号的使用法则教学。先出示例句："天很大。""天大得很哪！"让学生在朗读中发现标点的使用要根据情感表达的需要，再让学生去找一找用了什么方法把句子变成了感叹句。接着让学生也来变一变，试着用不同的方法变成感叹句。如"天真的很大呢！""天多么大呀！""天太大啦！"最后总结出方法，并在练习中运用：叹号喜欢和"多么""真""太"这些词交朋友，句子后面还常常跟着"啊""呀""啦"等语气词。请学生也用上这些词，把句子改成感叹句。

3. 练中巩固。悟理明法的终极目标是正确使用，运用是巩固的好方法。如二年级下册的专项写话练习："大自然真奇妙，我也来写写心中的'为什么'。"教师先引导学生在范文中发现问号，认识问号，学写问号，明确问号的使用方法、书写方法与格式，再指导学生照样子用丰富的形式写问句，最后修改问句，组成一首短小的儿童诗，在分步的创作过程中有效落实问号的运用。平常的语言实践中，还可以通过给句子加标点、用指定的标点写句子、给同学的标点"捉捉虫"等练习途径，巩固标点的运用。

二、句子表达教学策略

句子的表达是写话的基本要义。教材十分重视句子表达方法的引领，在课后习题与《语文园地》的"字词句运用"板块均有渗透。教学中，可以从两方面进行句子表达训练。

1. 添枝加叶法。以完整的句子为主干，加上修饰词，把句子写具体写生动。如二年级上册《雪孩子》中加上形容词写句子："雪孩子变成了水汽，_____的水汽。"《语文园地八》中加上声音词描写雨："_____，雨不停地下着。"二年级下册《语文园地八》中加上心情与神态描写人物："李明杰，_____跑进了教室。"通过给事物加上形状、动态变化，把句子写"活"。

2. 迁移仿写法。教材中有大量仿写句子的练习，如句式仿写、修辞仿写、相同主题仿写等。如此用心的编排符合儿童思维独创性的发展趋势：先模仿，经过半独立性的过渡，最后发展到独创性。因此，写话指导中不必分析理性的学理，临摹仿写是最适合低年级学生的。如二年级下册比喻句的仿写可采用以下方法：

读一读、找一找：例句中哪些部分是作者想象的？

想一想、辨一辨：为什么能这样想呢？它们哪里像呢？

连一连、说一说：我也能把相似的两个事物连起来，还能照样子说一说其他的例子呢！

仿一仿、写一写：我也能照样子写写句子。

搜一搜、抄一抄：这样的句子真有意思！课外我还要去搜集一些并抄下来呢！

通过这样分解步子，细化落实，学生的学习、积累、运用得到了循序渐进的发展。

三、细化材料使用策略

写话训练除在阅读教学中习得方法,细水长流地积累之外,也需要通过专项训练进行集中指导。教师应引导学生用好教材中的专项写话材料,培养其观察、构思和表达的能力。

(一)用好图片素材,学习观察细节

看图写话是二年级写话的主要内容之一,如二年级上册《语文园地七》中:"看看下面这幅图,小老鼠在干什么?电脑屏幕上突然出现了谁?接下来会怎样?快把你想到的写下来吧!"许多学生在笼统粗略的观察以后就开始想象写话,结果有的想象不着边际,有的想象枯燥乏味。如何看图想象?教师应引导学生观察细节,展开合理有趣的想象。

这幅图看似画面简单:老鼠、猫、电脑、鼠标。但细细观察,会发现其中藏着许多暗示故事发展的细节:为什么屏幕上出现的不是猫的整个身体,而是一个特别大的脑袋?猫的眼睛和嘴巴,小老鼠的眼睛和嘴巴为什么特别大?小老鼠的眼角是什么?为什么要画一个这么显眼的鼠标呢……教师可以让学生玩一玩"谁是火眼金睛"的游戏,看看谁发现的细节多,然后让学生讨论为什么这么画,最后才是根据细节想象故事的发展。只有观察到位,把细节放大,使之成为想象的重要线索,思维才能深入,想象才会展开。同时,学生还可以养成良好的观察习惯,提高观察能力。

(二)用好提示元素,学用导图助构思

思维导图是帮助学生构思的良好工具,思维导图特有的形象性、层次性能够帮助学生把构思过程具体化、直观化,从而更有效地促进书面表达技能的培养。

二年级两册教材中的七篇写话材料中都有写话提示,教师可以指导学生根据问题提示,借助思维导图帮助自己构思写话的思路,再建构自己的写话内容。如二年级上册《写自己喜爱的玩具》:你最喜爱的玩具是什么?它是什么样子的?它好玩在哪里?这样的题材可以用中心辐射图构思,如:

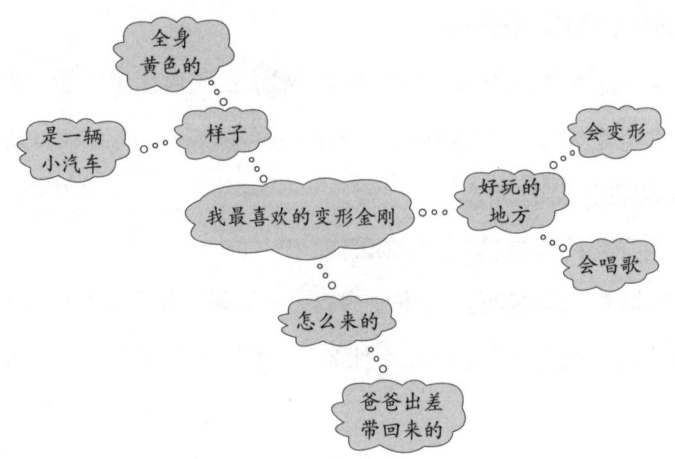

再如二年级下册看连环画，用上提供的词语想象写话：小虫子、蚂蚁和蝴蝶用鸡蛋壳做了哪些事情？它们有什么有趣的经历？这类题材可以用流程图来构思，举例如下：

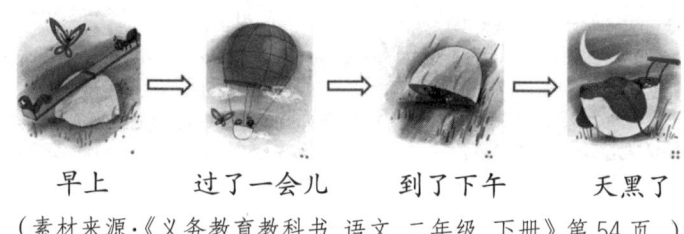

（素材来源：《义务教育教科书 语文 二年级 下册》，第54页。）

在这样有趣的过程中，学生边绘图边思考，对写话内容进行了有效的梳理，使写话思路得到直观形象的外显。借助图，学生的书面表达就有清晰的路径可循，最终实现通顺连贯。

（三）用好生活情境，逐层掌握留言条的格式

七次写话练习中，有一个特殊的内容——学写留言条。学生第一次接触应用文，学习正确的格式是重点。写话材料中的第一板块提供情境帮助学生学习留言条的格式，第二板块提供情境让学生学写留言条，在实践中掌握留言条的格式。教师应该用好情境，分步落实留言条的格式教学。

挑战一：找一找。留言条的称呼、正文、署名和日期分别写在什么位置？交流梳理后出示顺口溜帮助学生记忆留言条的格式："称呼顶格左上角，还

要记得加冒号。内容前面空两格,清楚明白有礼貌。署名日期右下角,这样就是留言条。"

挑战二:补一补。请给留言条补上称呼、署名和日期。

> 　　李老师让你中午去他办公室补课。

挑战三:写一写。根据提供的情境,写一张留言条。

> 去办公室还书,老师不在。

挑战四:用一用。生活中你遇到过哪些情况需要写留言条呢?请你也来写一写吧。

四次挑战,训练目标梯度发展,步步为营,层层推进。

总之,在写话的起始阶段,步子要迈得小一点,走得实一些,让学生在层层推进式的训练中扎实推进,快乐收获,从而愿意写话,喜欢写话,善于写话。

(写话教学策略部分由徐莺莺供稿)

《我的好朋友》

执教者:杭州市上城区教育学院附属小学　钟玲

课前谈话:教师自我介绍。教师逐个和学生打招呼(事先记住了学生的样子和名字)。

一、课堂导入

1. 欣赏全班同学的照片(播放轻松的音乐),这是谁?找到你自己了吗?

2. 你的同学藏在文字里,不出现照片,你还能猜出他是谁吗?

逐步出示介绍文字,一次比一次具体:

①她是班里个子比较高的女生。

②她是班里个子比较高的女生。她的眼睛小小的,亮亮的,笑起来就会眯成一条缝。

③她是班里个子比较高的女生。她的眼睛小小的,亮亮的,笑起来就会眯成一条缝。最近,她还掉了两颗门牙,笑的时候更可爱了。

全班同学猜一猜,她是谁?猜到的说说为什么能猜到。(结合特点说)

3. 你能把自己的好朋友,像钟老师这样介绍给大家认识吗?赶紧在心里想好一个朋友的名字。想好了的点点头向老师示意。

二、方法指导

1. 学写样子

(1)先来学介绍好朋友的方法和本领。读刚才的文字,把什么介绍得特别清楚?(板书:样子)哪几句在写样子?哪一句的样子是别人没有,而她有的?(板书:长什么样子　掉门牙　眯缝眼)

(2)这是××跟别人长得不一样的地方,再看看××有什么跟别人不一样的地方。随机指名说。(板书:马尾辫……)

(3)每个孩子都有和别人不一样的地方。现在需要一种本领把它写出来。我们学过一篇课文《妈妈睡了》,课文里是怎么写妈妈的眼睛和头发的?

(明亮的)眼睛　　(水汪汪的)眼睛　　(　　　)眼睛

(乌黑)的头发　　(波浪似)的头发　　(　　　)的头发

这篇课文还告诉我们妈妈的眉毛是_____,脸是_____。

你看,会观察的孩子会发现每个人都会有点不一样。

(4)尝试写话。

①提出要求,学生独立写。多媒体出示:

> 写几句话介绍好朋友的样子。要求:
> ★开头空两格,一个标点要占一格。
> ★介绍好朋友的样子,句子要通顺。

②全班交流。没写完的地方先放一下,等一下还有时间写。

投影学生的练习纸(方格纸)。

当发现学生描写的好朋友写得有些雷同时,老师指导学生再观察,发现细节差别,指导学生写出独特之处。

③同桌互相交流。

2.学写事情

(1)读教材:出示教材内容。指名读。刚才写了长什么样子,还可以写经常一起做什么。

(2)读范例:(多媒体出示)哪里看出是好朋友?(板贴:天天、一起、经常)

(3)你会跟好朋友一起做什么?(指名说)跟好朋友一起参加活动的感觉怎么样?学生说,利用手机语音软件显示文字,师生一起修改文字和标点。

(4)继续写话:你会说吗?会说肯定也会写。继续刚才的写话,样子写完了,可以写事情。

(5)四人小组,读给小伙伴听。如果还没写完就说给大家听,四人小组中选一篇,把最满意的读给全班听。

多媒体出示要求:

> (一)组内读一读,互相打☆
> 1.开头空两格,一个标点占一格。(　　)
> 2.写清楚好朋友长什么样子。(　　)
> 3.写清楚跟好朋友经常做的事。(　　)
> (二)选一篇准备和大家分享

三、课外延伸

1. 课文要求还要写出好朋友是谁。这个"谁"可以写在哪个部分？开头或结尾。

2. 写完后，跟好朋友分享自己的心里话。

《学写故事》

执教者：舟山市定海区檀枫小学　杨敏

一、儿歌导入，整体观察

师：小朋友，今天老师带来了一首很有趣的儿歌，不知道小时候你有没有读过。自己先试着读读看。

出示：小老鼠，上灯台。偷油吃，下不来。喵喵喵，猫来啦。叽里咕噜滚下来。（学生自由读）

师：我们一起拍手来读读这首有趣的儿歌。（齐读）

师：能告诉老师，儿歌中写了谁在干什么吗？

生：老鼠在偷油吃，猫来了，小老鼠吓得滚了下来。

师：是呀，儿歌中的小老鼠正在偷油，猫来了，它吓得从灯台上滚了下来。多可笑的一幕呀！瞧瞧今天这只小老鼠又偷偷地出来了，（出示图片）小朋友看一看，它又想干什么呢？

生：小老鼠想玩游戏。

生：小老鼠想玩电脑，结果屏幕上出现了一只猫。（板书：猫　老鼠）

师：刚才小朋友说得挺好的，那能不能加上在什么地方玩游戏，把这句话说得更完整呢？

生：小老鼠在洞穴里玩游戏。

师：有不同意见吗？

生：洞穴不好，我觉得小老鼠在电脑前玩游戏。

师：嗯，可以说小老鼠在电脑桌上玩游戏。还可以怎么说？

生：小老鼠在书桌上玩游戏。

师：老师再增加一个条件，能不能加上"什么时候，小老鼠在什么地方干什么"？

生：早晨，小老鼠在书房里玩游戏。

生：晚上，小老鼠在电脑前玩游戏。

生：主人走后，小老鼠在电脑桌上玩起了游戏。

师：真不错，你的时间词跟别人不一样。小朋友，我们来看，"什么时候，谁在什么地方干什么"这种句式我们在一年级时已经学过了。如果老师再增加一点难度，加上结果怎样或心情怎样，你能看着这幅图再来说一说吗？自己先试一试。（学生自由练说）

师：谁来说一说？

生：早晨，小老鼠在电脑桌前玩游戏。突然，屏幕上出现了一只猫。小老鼠吓得眼泪都流了出来。

师：你看得真仔细，眼泪也注意到了。

生：早晨，主人走后，小老鼠在电脑前偷偷摸摸地玩游戏。结果，屏幕上出现了一只猫，小老鼠吓坏了。

师：刚才他有一个词语用得特别好，小朋友听出来了吗？

生（齐）：偷偷摸摸。

师：是呀，他把小老鼠怎么样玩游戏也用上去了，真不错！刚才小朋友已经很厉害了，能把这幅图画说清楚。但如果要想把故事编得很吸引人，我们要编得再具体点。

【评析】看图写话，看图是基础，这一次看图写话虽然人物不多，内容也比较简单，但这是二年级第一次真正意义上的看图写话，我们就要在指导方法上下足功夫，指导学生从整体到局部进行观察。这一环节教师先

> 从整体入手，引导学生观察画上有什么，把图上的事物都看清楚了，初步感知图画的主要内容。在整体感知时，运用典型的四素句，让学生先讲清楚谁在干什么。在这句话的基础上一步步增加信息，最后能说清楚"什么时候，谁在什么地方干什么，结果怎么样"。这样既训练了学生语言表达的完整性和条理性，又从整体上把握了这幅画的内容，为下面进一步的细致观察奠定了基础。

二、抓表情动作，细致观察

师：请小朋友再仔细观察这幅图，你觉得这幅画中的什么还可以说得更具体呢？

生：可以把小老鼠的动作写得更具体。

师：说得很好，还有吗？

生：我觉得可以把猫的表情也写具体点。

（随机板书：表情　动作）

师：看来小朋友已经有了让故事生动的秘诀了，就是把它们的表情、动作写具体。下面就让我们再次看图，来仔细观察吧！

师：小老鼠在玩电脑，屏幕上突然出现了一只猫。（放大猫的图片）我们先近距离地来看看这只猫怎么样，你可以从上到下，仔细观察它的眼睛和嘴巴。谁能来描述一下这只猫？

生：眼睛大大的，嘴巴张得很大。

生：猫的眼睛大大的，黑黑的，它的嘴巴张得大大的，好像要把小老鼠吃掉似的。

师：哇，他还能根据猫的表情展开想象呢！（拍手表扬）

生：猫的眼睛张得很大。

师：用"瞪得很大"，更合适。

生：猫的眼睛瞪得很大，大得跟嘴巴一样，嘴巴里面露出了尖锐的牙齿，好像要跳出来把小老鼠吃掉似的。

> 【评析】二年级看图写话,用一两句话是不能说清楚图意的,教师要在整体感知图画内容的基础上,引导学生细致观察。而低段的小朋友观察能力比较弱,观察不仔细、不深入,容易忽视图中的一些信息,如何有序、细致地去观察一幅图需要方法的点拨。所以,教师指导学生先抓住猫的表情来观察,在观察脸部表情时,应注意从上到下地去看,眼睛怎么样,嘴巴怎么样。对根据表情展开合理想象的优秀学生应予以表扬,引导鼓励学生通过联想把故事说得更生动。

师:哇,好像猫要跳出来把它吃掉似的,想象得真好呀!再来仔细看看故事的主角,此刻小老鼠的心情是怎样的?你能用哪些词语来形容?

生:害怕。

生:慌张。

生:魂都没了。

师:是吓得魂都没了。

生:心怦怦直跳。

……

(随机板书词语)

师:仔细观察一下,你从哪里看出这只小老鼠受了惊吓,很害怕?

生:它嘴巴张得很大。

师:是的,小老鼠吓得张大了嘴巴。

生:眼睛旁边有眼泪。

师:这两位同学仔细观察了它的表情,你还能从哪里发现它的害怕?

生:它有一个手伸出来了。

师:它有一个手伸出来了,好像在说……

生:不要来吃我,不要来吃我!

师：你看，她真会编故事，能根据动作，想象小老鼠可能会说什么。老师特别欣赏她。

师：小朋友刚才说了那么多，有小老鼠的表情、动作、语言，现在，要请你把那么多小朋友说的小老鼠的表现，完整地描述下来。你能行吗？

（同桌试着说说看）

师：哪个小朋友大胆地来说说。

生：小老鼠看见屏幕上的猫，吓得坐到了地上，摇着一只手说："不要来吃我，不要来吃我！"它吓得眼泪都流出来了。

生：小老鼠看见屏幕上的猫，吓得眼眶里流出了眼泪，摆着手说："不要来吃我，不要来吃我！"

生：小老鼠看见屏幕上的猫，吓得腿一软，坐在了地上，一只手还摆动着，对猫说："不要来吃我，不要来吃我！"

师：老师特别欣赏她"吓得腿一软，坐在了地上"，把小老鼠受惊吓的动作描述得非常生动。

【评析】看图要学会抓住重点。这幅图中，老鼠是故事的主人公，就应该加以浓墨重彩。先从整体上感受老鼠的心情，然后请学生说说从哪里看出它害怕，其实是引导学生抓住表情、动作来具体表达，这也是把小老鼠描写具体的两个支点。老师在引导学生表达时，也是由易到难，循序渐进。先分开观察，一处一处说，再启发小朋友根据动作合理想象小老鼠的话语来补充。在分开表达的基础上，教师再请学生把小朋友说的小老鼠的这些表现综合起来，具体地描述下来。这样化整为零，化难为易，化静为动，编出来的故事才能具体而生动。

三、发挥想象想结尾

师：刚才小朋友的描述让老师看到了一只惊恐万分的小老鼠，小老鼠这么怕猫，接下来它又会怎么做呢？请小朋友们大胆发挥想象，想一下故事的结尾。

生：小老鼠一溜烟地逃走了。

师："一溜烟地逃走"，逃得真快。动动脑，还有不一样的结尾吗？

生：小老鼠见猫咪总是不动，就去碰了碰电脑屏幕，发现猫是假的，就继续玩电脑了。

师：哦，这是一只胆大心细的小老鼠。如果这是只爱动脑筋的小老鼠，可能会怎么做呢？

生：小老鼠把笔记本电脑合了起来。

……

师：小朋友真会动脑筋，这些结尾想象得都不错。

【评析】单幅图只给了我们一个画面，它是静止的、定格的，但看图写话是很有张力的，通过指导能给孩子无限的想象空间。老师要启发学生通过静的画面想象动的过程，启发学生根据图意，思前想后。"思前"就是想故事的开头，想想是怎么发生的，"想后"就是想象故事的结局。老师可以通过提问给学生提供思维的支点，让孩子打开想象的大门，拓展思路。这里老师不局限于小老鼠逃走一个结局，而是启发学生大胆合理地想象："聪明的小老鼠会怎么做，胆大的小老鼠又会怎么做"，这样就给故事编了好几种不同的结局了。

四、借助思维导图写故事

师：小朋友们，刚才我们仔细观察了这幅图，有些同学还能根据表情动作来展开想象，非常棒！下面我们要把这个故事写下来，大家可以借助黑板上的思维导图来想，看看我们写的是不是比说的更精彩。请大家拿出课前发下的练习纸，开头老师已经给你们了。谁来读一下开头？

生：一天，老鼠在电脑边玩，玩得正欢，突然，屏幕上出现了一只猫。

师：接下来我们首先要描述猫的样子，然后写——

生：老鼠。

师：写完老鼠的表现，最后写——

生：结尾。

师：下面就开始写了，不会写的字可以用拼音代替，看谁编的故事最流畅、最完整。

学生动笔在练习纸上写（大概十二分钟），教师巡视，选择两位学生的写话展示。

【评析】看图写话一般都是先说再写，从口语到书面表达。低段学生一开始的写话需要老师多指导，在这一环节中，老师能考虑学生的起点，关注学生写话时的困难，提供了思维导图，借助关键词语为写话提供思维支点，使习作构思更清晰可视化。针对低段学生经常会出现开头困难的现象，老师就提供开头让学生接着去写，写之前教给方法，先描述猫的样子，然后写老鼠，最后写结尾。通过这样铺路搭桥，降低难度，学生就对写话不惧怕了，最终能把故事编完整，编通顺，提升书面表达能力。

五、评价交流指方向

师：在欣赏小朋友的故事前，老师有一个三星级故事标准（出示评价标准：1.语句通顺；2.故事完整；3.标点符号基本正确），看看小朋友的故事能不能达到三星级呢？（实物投影出示故事）请小作者读。

师：故事完整吗？

生：完整。

师：给她加上一颗星。语句读起来比较通顺再加一颗星，标点符号只有一点小错误，好，再加一颗星。老师发现她把小老鼠、猫的表情写得很具体（教师画波浪线）再奖励她两颗星。哇，这位小朋友共获得几颗星？

生：五颗。

师：那这篇文章就是五星级了，表扬这位小朋友。再来看一篇（出示另一个故事),谁也能像老师这样给他来评一评?

(学生也抓住故事的完整性、通顺性、标点的正确性具体来评价)

师:我们都发现了小朋友写得好的地方,下面同桌之间交换着读一读,评一评他的故事编得怎么样。可以评几星级呢?

(学生互换作品,轻轻朗读,然后互相评价)

享受幸福的教学人生

宁波市海曙区教育局教研室 张敏华

曾国藩在给儿子的家书中写道:"敬则无骄气,无怠惰之气。"的确,只有心存敬畏,才能有如履薄冰的谨慎态度;才能保持谦逊平和,保持内心的执着和清静,恪守心灵的从容和淡定。我以为语文教学亦如此,我曾在《〈舌尖上的中国〉对语文教学的启示》一文中写道:"要带着对语文的敬意和感情,做好一位语文教师。"忆往昔,我也曾有过"初生牛犊不怕虎"的无知无畏,上过几节成功的公开课,就自以为掌握了语文教学的"武功秘籍",现在想来真是幼稚可笑。而如今,从事小学语文中低年级教学研究十七载,随着研究的深入,越觉得这个领域奥妙无穷,深不可测,不得不敬之、畏之,自然也不敢亵渎与怠惰。于是,带着这份敬畏之心,就在这如同宇宙之浩瀚的语文天地中探索,我享受到了无以言表的快乐和幸福。

自我突破,享受破茧而出之悦

不甘于守旧,这是我的一个性格特点。同一个主题的讲座,每一次开讲之前,必须得花时间再做改进;同一节课,假如没有新的突破,我宁可不再触碰。就在这种看似自我折磨的过程中,我感受到了破茧而出的快乐。

2010年宁波市的优质课评比活动上,我帮徒弟精心研制了《神笔马良》的教学设计。教师引导学生借助教师提供的关键词语的提示,把握故事的主要内容;通过读、找、画,感受神笔之神,帮助学生明辨马良和大官在神笔使用上的不同态度;采用师生合作读"马良惩治大官"部分内容引导学生发现故事情节递进的叙述特点；利用关键语句的理解，运用媒体手段，引导学生感悟马良的机智、善良以及大官的贪婪、自私。

当时的课堂现场，学生在教师的牵引下，感受到了人物的生动形象，读得有滋有味，课堂气氛热烈，获得很好的现场效果。但热闹的课堂教学之后，我冷静下来思考：这是个家喻户晓的故事，学生对故事内容基本都了解，面对这样的学情，我们该让学生有怎样的提升？整个教学过程缜密，每个教学环节都在意料之中，似乎课堂很"安全"，但实际上学生被教师牵引，可否让教学更开放一些？教学目标烦琐过多，能否让目标集中一些，让学生学得更从容？

鉴于以上的思考，我萌生了修改《神笔马良》教学设计的想法。我将原来众多的教学目标整合为"概括"和"复述"两大语文能力目标，而两个目标互有联系，"概括"是第二学段开始训练的阅读能力，同时概括内容也为帮助学生厘清故事的情节，为复述故事做好铺垫。

当我沾沾自喜地采用新的教学方案进行试教后，结果却是遭遇了"滑铁卢"，学生反应冷淡，只有少数学生真正参与学习活动。通过学生的反应，我发现原因在于教者为了体现自主学习的理念而教，却恰恰忽视了学习主体——三年级学生的学习起点。对于刚刚从二年级走过来的三年级第一学期的学生来说，"概括"和"复述"是需要具体可行的方法来辅助的。

遗憾地仰望"枝头花落未成荫"，我又重新审度学生起点、兴趣点与学习难点，再做教学修改。这一次我充分考虑了三年级学生的心理特点和学习要求，将教学过程调整为：学概括，把长故事读"薄"——体会生动的描写，把故事读"厚"——借助"思维树"把故事讲生动。同时，根据三年级学生仍以形象思维为主的特点，借助思维导图：第一步，将故事读"薄"，形成一株只有树干没有树叶的"思维树"；第二步，把故事读"厚"，感受故事中具体生动的语言，为"思维树"添加枝叶；第三步借助"思维树"讲故事。

第三次修改教学设计之后，我在浙江省师训中心组织的小语高端培训班上做了教学展示,获得了一致好评。亲历三次《神笔马良》的教学,让我深切体会到成功的教学必然是贴近儿童的教学。从"以师为本"转向"以生为本"并非一日之功,需要我们每一位教师真正放下自己,在心中拥有儿童。

这种课堂教学破后重构的经历还有很多:《纸船与风筝》着眼于从扎实的字词教学到引导学生"想画面读好语句";《香港,璀璨的明珠》从关注写作材料的选择到了解段落的结构与体会具体表达方式的教学;《回乡偶书》从关注诗意理解到以重难点字词突破诗文情感难点的教学……一节节课堂教学的突破累积起来,便是教学观点的突破:从关注低年级字词句的教学到关注年段目标准确定位的突破;从关注教学方法的研究到关注教学内容选择的突破;从关注语文课堂教学到关注儿童文化课程的突破……

蝶在破茧而出之前,必定要先作茧自缚,只有经历过自我否定的痛苦,才有破茧之时的美丽。在每一次自我突破之后,我也体会到了小小成功的愉悦。

习得为师,走出迷茫之乐

人的一生有顺境也有逆境,教育人生亦是如此。教学起步阶段的教师尚缺乏自我反思的能力,似乎觉得从教的日子一天天就这样顺利地走过,并无逆境可言。而当一位教师逐渐成长起来,到了能思考能反省自己教学行为的阶段,就会有时而迷茫时而困惑的感受。这种感觉,如同身处茫茫沼泽之地,不奋力走出去便会陷入泥潭,然而一旦走出去便是一条康庄大道。要走出沼泽,不要期待着有人来救赎,只有自赎。这种自赎,就是阅读和学习。

成长历程中,有两本书一直伴随我走过三十年教学生涯,一本是《儿童发展心理学》,另一本是朱作仁先生的著作《语文教学心理学》。这两本书,不同阶段读,有不同的理解,有不同的收获。2010年参加浙江省特级教师评审,在准备的过程中对论文答辩心里没底,我便又一次细读了这两本书。从中我找到了低年级识字教学的学理:为什么识字教学要依托语境?为什么识字教学重在整体把握字形？为什么识字教学要做到音形义结合？以往的教学实践在此找到了理论依据，心中也就有了底气。因此，我也顺利通过了省特级评审的答辩，被评委赞誉"对低年级教学研究得很深入"。

2011年，在实践和研究多年的低年级语文教学方法之后，我的教学研究似乎到了一个瓶颈期，难以突破。在这一阶段，我读到了王荣生教授的《语文科课程论基础》，豁然开朗，这也促使我从教学方法研究到教学内容研究的转型。在王教授的著作中，我找到了"教语文不是教课文"的理论依据，并付诸实践。此后根据自己的实践研究整理成《语文课程内容的选择与落实》主题报告，为浙江、南昌、山东、广东、重庆等地的语文教师做了观点报告，引起老师们的共鸣。

要走出迷茫，还要敢做能跳出井口的青蛙。寻找学习的机会，拓宽自己的视野，就有可能探寻到解决问题的途径和方法。评上特级教师之后，我参加了宁波市教育家培养对象研训班的学习。在这次培训活动中，有幸地得到了吴忠豪、吴立岗、王荣生、李海林等知名教授的指导。那个阶段正是我的课题研究《思维导图在小学语文教学中的运用》遇到困境之时，因得到李海林教授的"坐诊把脉"、指点迷津，课题最终顺利结题，并著书出版。

飞行的"花"，激励前行之志

英国迈克尔·布洛克在《蝴蝶》中写道："春天的第一只蝴蝶/身披橙色和紫色/从我的路上飞过/一朵飞行的花/改变了/我生活的颜色。"

一个人的成长之路，假如能遇上这样一朵飞行的花是幸运的。因为成长除了自身的努力，还一定缺少不了他人的扶持和帮助。现在的年轻老师有很好的成长平台，有各种拜名师学艺的机会，在我们走上工作岗位的二十世纪八十年代末，很少有这样的机遇。虽然，我没有正式拜师的经历，但在我的心里却有很多帮助我成长的恩师，他们如同那只春天里的蝴蝶，改变了我教学人生的色彩。

已故的沈大安先生曾经就是那只"飞行的花"。记得与沈老师相识，是2006年在一次浙江省疑难问题研训的会议上。在电梯里与沈老师相遇，他竟主动和我打招呼，让我有了向仰慕已久的大师请教的勇气。之后，有了机会在沈老师面前展示课堂教学，并被沈老师推荐到温州执教低年级阅读教学《雷雨》一课。那次活动结束，我在返回途中就收到沈老师的短信，他兴奋地讲述了听课老师们的反应，那情景就如同父亲看到别人夸赞自己的儿女一般开心。而我得到沈老师的鼓励，对课堂教学研究也更充满了信心和激情。2012年，我陪同沈老师听一位青年教师参加省级赛课的试教，课后沈老师并没有直接评价这堂课的优劣，而是给我们讲起"语文教学走向生本"的观点。这一次的谈话，让我开始关注和思考语文课堂教学如何真正做到从师本到生本的转变。2013年，我参加宁波市小学语文学科教育家培养对象高级研修班，幸运的是，沈大安老师又成了我的学科导师。在培训期间，我执教了一堂低年级的识字课，被沈老师评价为一堂关注生本的低年级识字课，同时他说："如果你能在汉字音形义的结合上做得更到位，那就能站在全国识字教学的前沿。"我明白，导师在鼓励的同时，又对我提出更高的要求。为此，我也明确了下一步努力的方向，并投入教学实践中。记得2015年11月沈老师病重在家休养，我给导师发了一段微信，向他汇报"最近在生本理念的落实上有了新的突破，识字教学也做到了音形义结合"。我在微信上写道："这些都是您前几年给我提出的建议。每次有进步，都特别开心，因为学生向老师递交了满意的答卷。"躺在病榻上的沈老师给我回复："好！好！好！祝您不断有新的成果！"我相信，对于一位具有教育情怀的前辈来说，最大的欣慰莫过于看到后辈的成长。而前辈的关爱和勉励也让我有了不断前行的勇气和力量。

像这样无私帮助我成长的前辈还有许多：滕春友老师在2004年浙江省课改巡礼活动上听了我执教的《窗前的气球》，就给我提出了教学内容要集中的建议，促使我反思教学内容繁杂的问题，努力做到删繁就简，一课一得；

周一贯先生鼓励我要坚持将低年级教学继续深入研究下去,蒙学养正,意义最大;汪潮教授在课题研究上予以细致指导,促成了《思维导图与小学语文教学》一书的正式出版……

  他们都是我生命里的蝴蝶。蝴蝶扇动翅膀,在改变别人生活的色彩中享受着快乐和幸福。而我也唯有努力做好年轻一代老师教学道路中"飞行的花",延续这样的幸福!

发表于2017年9月《教学月刊》

后 记

2018年元宵前夕，寒假结束，我也完成了《谈小学语文教学之道》这本书的初稿。这个时候的心情，犹如完成一次自我修行，从喜悦的、纯净的世界回归凡尘。一个假期，在敲打键盘中度过，如同与自己对话，与孩子对话，与老师们对话，就这样内心欢喜地过来了。

这是我自己内心想写的一本书。2017年，是个好年份啊！正是我从教三十周年，从事小学语文低年级研究十七载之际。这时，我对自己说："是时候了！"写这本书，一是想对自己的教学研究生涯做一个总结，二是希望能为小学语文低年级教师的专业成长出一份绵薄之力。

这本书的撰写过程其实并不困难，键盘下流淌的是多年所行所思、所学所感。很多时候，我感觉自己只是在沙滩上拾捡贝壳，这些内容原本就存在，存在于一场场讲座的讲稿中，存在于一节节研究课中，存在于一篇篇论文中，还存在于与语文老师的一次次谈话中……我只是趁这个时机，将这些零碎的"贝壳"一一进行整理，用一条丝线串起来而已。

2017年也是统编本教材在全国推广的第一年。这套理念全新的教材历经了磨砺，在众人的高度关注中闪亮登场。我自以为与人民教育出版社编写的语文教材有着不解之缘。早在2003年，课程标准实验教材刚刚推出不久，我就应人民教育出版社的邀请，开始为全国各地的语文教师做教材培训工作，一做就是六七年，利用假期走遍广东、福建、四川、湖北、安徽等各省市，为数万名语文教师做了二十几场讲座。有需求就有收获，在与全国各地的语文教师的接触中，我更加了解了语文教师的需求，也促使我对语文的研究更为深入，更贴近一线老师的实际。

后 记

2012年,我接到上级教研部门的一个神秘任务,让我为一些文章编练习题,后来才知道这些文章就是现在的统编本教材其中一册的课文。之后,又有幸参与了在杭州西子湖畔举行的人民教育出版社教材审编会议,承担了新教材试教的任务以及《教师教学用书》编写的任务。从第一次拿到的文章,到后来的"白皮书",再到后来的彩印版、送审版,在每一次与这套教材的亲密接触中,我欣喜地看到教材一次比一次完善,我本人对教材的编写意图和理念的理解也越来越深入。

借着统编本新教材推出的东风,我将自己多年的教学实践与研究,与对新教材的理解、教学策略建议相结合,撰成此书。当我将书稿呈于出版社王晓君、俞琦编辑时,就如同将自己的孩子托付于她们,希望出版社的编辑老师也能视为珍宝,善待于她。事实证明,正如我所愿,在编辑老师的关爱中,本书顺利出版。

我经常感觉自己是个幸福的人,选择了自己的挚爱作为自己的终身事业,处于一个相对纯净的天地,做着自己热爱的事。我愿意与大家分享我的热爱。此书如能为语文教师带来一些帮助,为小学语文做一点贡献,是我最欢喜的事!

《谈小学语文教学之道》能得以顺利出版,得到了很多朋友的帮助,全国名师何捷老师拨冗为我写序,特级教师陆虹老师、青年名师曹爱卫老师提供了精彩课例,书中还有大量课例是我名师工作室团队研制、徒弟执教的研究课。在此一并表示诚挚谢意!

张敏华

2018年元月于甬城